LUZ BRILLANTE PANDEMIA **OSCURA**

COMO COVID-19 LUMINÓ LA NECESIDAD DE GESTIÓN DEL CAMBIO

Alejandro Esch

"Los líderes de hoy están lidiando no solo con la pandemia, sino con el impacto del racismo sistémico, la inestabilidad económica, el movimiento de justicia social, la división política, los desafíos climáticos y la interseccionalidad de todos estos problemas en los empleados y organizaciones. En su nuevo libro, Luz Brillante Pandemia Oscura, Alejandro D. Esch nos recuerda cómo los principios y prácticas de gestión del cambio pueden guiarnos a través de este momento desafiante. Una lectura obligada para quienes se preocupan por sus organizaciones y las personas que lideran. " --- **Marilyn Nagel, CEO de Diversity Consulting Company, Ready-Aim-Aspire**

"La combinación de gestión de cambios con una historia personal es una excelente lectura sobre un tema desafiante. Está claro que los aprendizajes de esto se pueden aplicar a cualquier organización (grande o pequeña) que desee instituir un cambio. Espero que los líderes de organizaciones y países puedan dejar de lado los prejuicios existentes y seguir algunos de estos principios de gestión del cambio para guiar a su gente en el futuro". --- **Mike Lee, Chief Operating Officer de Two Brain Business, Co-Dueño de CrossFit Hale**

"El cambio es difícil. En los negocios, los empleados pueden tener dificultades para aceptar el cambio. Esto puede deberse en parte a la falta de desarrollo e implementación de un plan de gestión de cambios. La consecuencia de un plan de gestión de cambios débil o nulo en el negocio puede equivaler a baja moral o que empleados busquen otro trabajo. Sin embargo, esto es diferente a la consecuencia final de la pérdida de vidas humanas, como hemos presenciado con la pandemia. Luz Brillante Pandemia Oscura proporciona un análisis de cómo la metodología de gestión del cambio del autor, "Stop, Prepare, Actué", podría aplicarse a cómo una nación puede detenerse y crear urgencia para preparar a sus ciudadanos e implementar (actuar) estrategia de gestión del cambio. El autor ofrece una revisión cronológica de las medidas adoptadas por diversos países en su respuesta a la pandemia. Se presentan datos fácticos, junto con la visión introspectiva del autor de la respuesta con la que muchos de nosotros podemos relacionarnos. Es una lectura interesante que hará que analices los cambios en tu vida--- **Rachel Bergman, Vicepresidente en Institución financiera (Fortune 500)**

"… usa la lente de la teoría de la gestión del cambio para analizar cómo los gobiernos y el público mundial manejaron los primeros meses de la pandemia. A través de narraciones y anécdotas extraídas del análisis de las noticias, las redes sociales y su vida en Costa Rica,

Alex lo sumerge en la confusión y el caos de tratar de comprender el pensamiento organizacional durante esta crisis. Este libro describe una teoría de la gestión del cambio para comparar y analizar críticamente cómo los líderes gubernamentales manejaron la pandemia en evolución. Más que una amplia generalización, el análisis se centra en las respuestas de Costa Rica en comparación con los Estados Unidos, en general, y Michigan, su antiguo estado de origen. Para agregar una perspectiva más global, el análisis incluye contrapuntos desde la perspectiva global de las respuestas europeas, asiáticas y centroamericanas a los datos sobre el virus y las reacciones humanas.
--- **Steven J. McGriff, Ph.D. Consultores Divergentes**

"La combinación de historias personales, eventos-detalles, respuestas gubernamentales y prácticas de gestión del cambio hacen que este libro sea único, de una manera que cualquiera de nosotros puede entender y hacer nuestro. Léelo, disfrútelo, relacione con él y sus experiencias mientras aprende sobre la gestión del cambio, mi pasión". --- **Valeria Venegas, Consultora | Profesor @ITBA | Socio @Cocolab | Candidato a doctor**

"Fue una lectura muy conmovedora. Me gusta el enfoque del mes a mes e incluso, a veces, el seguimiento diario de las noticias y actividades que ocurren en todo el mundo. Fue bueno ver y escuchar la opinión de alguien sobre la pandemia, pero aún más emocionante visualizarla a través de una lente mundial / global. El uso de la gestión del cambio y la mejora continua / lecciones aprendidas fue un enfoque poderoso para profundizar en la causa raíz y crear el plan más efectivo para mitigarlo. --- **Karl Taylor, entrenador ágil inspirador | Líder de servicio | Facilitador | Agilidad empresarial**

Alejandro Esch proporciona un relato histórico de la pandemia y lo aplica en el contexto de un marco de gestión del cambio. Al brindar información sobre el país de Costa Rica que se yuxtapone a la respuesta global, presenta un argumento convincente sobre la importancia de un liderazgo fuerte, comunicar la verdad y preparar a las personas para un cambio inminente ". --- **Daniel Lohr, Director, Localintel**

Derechos de Autor

Luz Brillante Pandemia Oscura
Copyright © 2020 Alejandro D. Esch

Todos los derechos reservados. Este libro o cualquier parte del mismo no se puede reproducir ni utilizar de ninguna manera sin el permiso expreso por escrito del editor, excepto por el uso de citas breves en una reseña de libro.

Impreso en los Estados Unidos de América y Costa Rica.

Primera impresión, 2020

Diseño de portada: George Stevens
Editora: Marilyn Alan
Editora: Barbara Esch
Narrador: Bryan Michael
Traducción: Alejandro Esch y Marla De La O Ching

ISBN Impresión 9798583090600

Primera Edición, 2020

Dedicación

Dedico este libro a todos los líderes del mundo que apoyaron la ciencia, luego la economía. A todos los médicos, socorristas, enfermeras que han salvado tantas vidas. Para los que trabajan en supermercados, farmacias, bancos y todos los trabajadores que ayudan con nuestras necesidades esenciales que arriesgaron sus vidas por nosotros. A todos los científicos que trabajan en encontrar vacunas y tratamientos. Al sector público y privado que redirigieron sus esfuerzos para trabajar juntos para controlar la pandemia. Por último, a la naturaleza que nos obligo a frenar nuestro ritmo y darnos una nueva perspectiva.

Tabla de Contenido

Prefacio **6**

Introducción **8**

CAPÍTULO I Diciembre de 2019 – La Vieja Normalidad **9**

CAPÍTULO II Enero - Cómo Comenzó **12**

CAPÍTULO III Gestión del Cambio **16**

CAPÍTULO IV Febrero – La Adaptación Temprana **22**

CAPÍTULO V Febrero – Mi Registro Personal **26**

CAPÍTULO VI Marzo - Un Sentido de Urgencia **28**

CAPÍTULO VII Marzo - Mi Registro Personal **40**

CAPÍTULO VIII Abril – Protocolos Aplicados **48**

CAPÍTULO IX La Reacción de Nueva York **66**

CAPÍTULO X Abril - #Libera **70**

CAPÍTULO XI Abril – Dr. Anthony Fauci **79**

CAPÍTULO XII Abril – Economía, Ciencia y Fallecidos **87**

CAPÍTULO XIII Califique Su Luz De Tráfico **92**

CAPÍTULO XIV El Lado Brillante de 2020 **118**

CAPÍTULO XV ¿Qué hemos aprendido hasta ahora? **133**

CAPÍTULO XVI …Y Luego Cambiamos **137**

Expresiones de gratitud **141**

Sobre el Autor **142**

Índice **143**

Referencias **145**

Prefacio

Traté de calmar mi ansiedad por el coronavirus mirando Netflix, pero me aburrí después de un tiempo. El bombardeo de memes sobre COVID-19 tampoco ayudó mucho. Recuerdo haber leído un meme que decía: "2020, escrito por Stephen King y dirigido por Quentin Tarantino". En realidad, fue algo gracioso, pero creo que me estaba riendo de cualquier cosa que temporalmente me quitara de la mente la realidad. Le recé a dios para que esta pandemia nunca volviera pasar a la humanidad. Sé, por supuesto, que es probable que pase de nuevo, pero espero que la próxima vez estemos mejor preparados para ella.

Comencé a escribir este libro como un "documental" de cómo COVID-19 se disparó en lugares donde tengo seres queridos. Pensé que en el futuro a mi familia le gustaría saber qué sucedió durante los primeros cuatro meses de la pandemia. Sin embargo, mi experiencia en mejora del rendimiento y la gestión del cambio hizo que esta secuencia de eventos fuera más interesante para mí. Observé que, aunque el mundo tenía las mismas noticias y lo estábamos viendo prácticamente al mismo tiempo, lo cuán agresivos que fueron los brotes de COVID-19, aún así, los países reaccionaron de manera diferente a la pandemia.

Algunos respondieron bien al cambio y otros países quedaron totalmente devastados. Me pregunté: "¿Por qué?" ¿Cuáles fueron las razones por las cuales reaccionaron diferente? ¿Y qué podemos aprender de ellos? Fue entonces cuando descubrí la intención del libro. Mi objetivo no era solo documentar eventos increíbles que pasaron por el mundo con la pandemia, pero también compartir mi desafiante viaje durante este período y a la vez demostrar que y si seguimos una metodología de gestión del cambio podemos afectar resultados positivos.

En este libro cubriremos mi metodología de Gestión del Cambio, que utilizaremos para analizar los cambios que ocurrieron durante la pandemia, pero también lo vamos a usar practicando con ejemplos de tu vida real. Además, cubriremos las 10 intervenciones de mejora del rendimiento más significativas que el gobierno costarricense implementó para manejar con éxito la pandemia.

Al final del día, este libro se trata sobre la responsabilidad del líder. Si usted se considera un verdadero líder en este mundo, le invito a reflexionar sobre los cambios que ocurrieron durante los primeros cuatro meses de la pandemia y ver una perspectiva diferente, incluyendo los efectos secundarios positivos debido a COVID-19. Si continúa interesado en la Gestión del Cambio, también hay una oportunidad al final del libro para participar en un taller virtual.

Introducción

El campo de la Gestión del Cambio tiene varios modelos para preparar a las organizaciones a realizar un cambio con éxito. Una organización es única tanto en estructura como en tamaño, puede ser tan pequeña como una sola persona, un equipo o una familia, o puede ser tan grande como una corporación, distrito escolar, estado o país.

Cuando comencé a escribir este libro en abril de 2020, vivía en un pequeño pueblo de Costa Rica. Era difícil ver el lado positivo de la pandemia. Mi familia por parte de mi madre vive en Costa Rica. Toda mi familia por parte de mi padre vive en los Estados Unidos, principalmente en Michigan. Con el paso del tiempo, no pude evitar notar (desde el punto de vista de un consultor de gestión del cambio) lo bien que Costa Rica estaba respondiendo a la pandemia.

Costa Rica (población 5 millones), es un pequeño país centroamericano sin ejército que reaccionó a la pandemia con la previsión y priorización de una potencia mundial. Esto se volvió especialmente interesante una vez que comenzamos a presenciar países poderosos como Italia, España y los EE. UU. Que aún con una gran cantidad de expertos y recursos, reaccionaron a la pandemia muy mal o simplemente no reaccionaron. Nunca en mis sueños más locos pensé que los brotes de COVID-19 irían a tener tanta turbulencia con reacciones distintas mundialmente.

CAPÍTULO I

Diciembre del 2019 – La Vieja Normalidad

Tuve la suerte de pasar las Navidades y Año Nuevo (2019) con parte de mi familia y amigos. En ese momento, no me di cuenta de que sería la penúltima vez que estaría físicamente junto con mi familia costarricense (madre, padrastro, hermana, sobrina, sobrino). Durante las vacaciones, solo mencionamos el coronavirus como un tema breve de conversación. El resto del tiempo nos reímos y hablamos de cosas triviales como los planes para 2020 y los eventos actuales.

Algunas noticias durante diciembre de 2019 fueron los siguientes:

- Tiroteo en el norte de México: "El 2 de diciembre, veintidós personas fueron asesinadas después de un tiroteo entre funcionarios y presuntos miembros del cartel. El tiroteo tuvo lugar en el norte de México (CNN)".

- En la cultura pop, según Eonline.com: "... Harry Styles rompió el Internet cuando les dio a los fanáticos un vistazo de las fotos completamente desnudas que vienen con el empaque de vinilo del LP.

Afortunadamente, también tuvimos buenas noticias; verdaderos líderes haciendo cambios positivos en el mundo, por ejemplo, la Primera Ministra Jacinda Ardern de Nueva Zelanda.

Imagen 1: Primera Ministra Jacinda Ardern de Nueva Zelanda.

"El 21 de diciembre, se entregaron cerca de 56,000 armas durante la amnistía de Nueva Zelanda. La prohibición de armas se estableció después del tiroteo en Christ-Church que dejó 51 personas muertas a principios del año. (BBC)". El 9 de diciembre, Finlandia eligió a Sanna Marin como Primera Ministra, convirtiéndola en la Primera Ministra más joven del mundo. Marin tomará juramento el 10 de diciembre. (CNN)

Estos lideres, más la canciller de Alemania, Angela Merkel, y la presidente de Taiwán, Tsai Ing-wen, fueron las primeras líderes en enfrentar la pandemia de frente y continuaron liderando el cambio en sus respectivos países.

Vamos a repasar algunas de las razones por las que estos países tuvieron un buen desempeño durante la pandemia, pero por ahora reflexionemos sobre cómo comenzó todo.

Imagen 2: Angela Merkel y Sanna Marin

CAPÍTULO II

Enero - Cómo Comenzó

Cuando entré en el nuevo año, me resfrié, lo que provocó una infección pulmonar. Pensé que fue un resfriado, pero se sintió diferente. No estaba con fiebre, pero si estaba tosiendo mucho y podía escuchar el crujir de mis pulmones. Duró todo el mes hasta que eventualmente fui a ver a un médico, quien me dijo que era una infección pulmonar. Me recetó algunos antibióticos, y en 5 días, estaba sano. Poniendo la enfermedad a un lado, a principios de enero yo estaba lleno de energía y positividad. En las noticias, hubo cierta cobertura del coronavirus en China.

Recuerdo estar realmente sorprendido de ver las estrictas medidas implementadas por China para enfrentar el brote en Wuhan. Pensé que bueno, es China y tenían un historial relacionado con el SARS, por lo que existía la posibilidad de que fueran demasiado cautelosos. A mediados de enero, recuerdo haber pensado que el gobierno chino estaba siendo extremadamente agresivo con el pueblo de Wuhan. Pensé que estaban violando los derechos humanos. Sinceramente, me sentí enojado con

China por ser tan agresivo con sus ciudadanos. En los siguientes días leí en las noticias que el virus se había extendido a los países vecinos. A mediados y finales de enero, los casos de COVID-19 aparecieron en otros países cercanos a China, incluidos Tailandia, Japón, Corea del Sur y Vietnam, pero también en países alejados de China, incluidos Italia, Irán y Estados Unidos.

14.01.2020
NO HAY TRANSMISIÓN HUMANO-A-HUMANO

El 14 de enero, la Organización Mundial de la Salud tuiteó: "Las investigaciones preliminares realizadas por las autoridades chinas no encontraron evidencia clara de transmisión de persona a persona de la nueva #coronavirus (2019-nCoV) identificada en #Wuhan. Este tweet fue a pesar de que todo el mundo vio a China luchar contra la rápida propagación del virus. Recuerdo haber visto imágenes de edificios de apartamentos obstruidas por los militares. La noticia mostraría tractores vertiendo arena y rocas frente a las puertas de los edificios de apartamentos, y estos edificios contenían cientos de personas. El gobierno chino sabía que COVID-19 se estaba propagando a través de humano-a-humano, pero no lo decían públicamente. En cambio, obligaron a todos a quedarse en casa. En las noticias aparecieron imágenes de personas detenidas por caminar en las calles, así como hospitales superpoblados con cientos de personas enfermas. Sería la primera vez que el mundo vería imágenes de cadáveres por el COVID-19.

19.01.2020
EL PRIMER CASO EN LOS ESTADO UNIDOS

Un señor de 35 años regresando de Wuhan, China, fue diagnosticado con COVID-19 en los Estados Unidos. Este fue el primer caso de los Estados Unidos. El 22 de enero, el presidente Trump dijo: "Lo tenemos totalmente bajo control. Es una persona que viene de China. Lo tenemos bajo control. Va a estar bien ". - Entrevista CNBC. El 29 de enero, los EE. UU. establecieron el Equipo Contra el Coronavirus de la Casa Blanca y el 30 de enero, la administración Trump prohibiría la entrada a la mayoría de los extranjeros que habían visitado China recientemente y pondría en cuarentena a todos los viajeros estadounidenses que visitaron China.

Aunque el Equipo Contra el Coronavirus de la Casa Blanca se estableció temprano, el comité no se presentó hasta casi un mes después, el 26 de febrero. El vicepresidente Mike Pence fue nombrado presidente, Deborah Birx como coordinadora de respuesta, y muchos otros fueron nombrados ese día, incluido el Dr. Anthony Fauci, quien para algunos se había convertido en "la voz de la razón" con respecto al virus.

20.01.2020
SI HAY TRANSMISIÓN HUMANO-A-HUMANO

El 20 de enero, la Organización Mundial de la Salud confirmó que existía evidencia de "transmisión limitada de persona-a-persona" del nuevo virus y para el 23 de enero, poco más de dos meses después del primer caso confirmado de COVID-19, China interrumpió todos los vuelos hacia y desde Wuhan, y todo el transporte público cesó en Wuhan. En esta fecha, según el rastreador de coronavirus Johns Hopkins, hubo 830 casos y 25 muertes en China. Algunos expertos dicen que las cifras de China fueron dramáticamente bajas, ya que China estaba minimizando la ruptura desde el principio. Algunos expertos calculan hasta 10 veces más fallecidos y casos de lo que China está informando.

El virus se propagó extremadamente rápido a varios países de Asia. Algunos países estaban medios preparados para el virus debido a brotes de otros tipos de virus en el pasado; otros países como Irán, Italia y España estaban completamente desprevenidos.

31.01.2020
El PRIMER CASO EN ITALIA

Dos turistas chinos en Roma dieron positivo para el virus, seguido de un grupo de casos detectados en otras ciudades del norte de Italia. Ese día, aprendí que es fundamental identificar la formación de grupos en un brote para rastrear un caso específico. Hacer un seguimiento del paciente número 1 y con quién interactuó es esencial. Es necesario para la contención de la propagación masiva de un virus. Ese mismo día, el gobierno italiano suspendió todos los vuelos hacia y desde China; También se declararon oficialmente en estado de emergencia. La Organización Mundial de la Salud (OMS) comenzaría a referirse al brote como una emergencia mundial de salud pública. Recuerdo haber pensado en ese momento; Costa Rica tiene una buena cantidad de turistas italianos y chinos que visitan cada año. Me pregunte ¿COVID-19 está en el país en este momento?

CAPÍTULO III

Gestión del Cambio

Desde la perspectiva de la Gestión del Cambio, hay un proceso que los líderes deben seguir cuando saben que se viene un cambio. El cambio podría ser tan común como una nueva tecnología en una empresa o un nuevo bebé en la familia o poco común como un colapso del mercado y, sí, incluso una pandemia. Antes de que el cambio los golpee, los líderes deben averiguar cuál será el impacto potencial sobre ellos. Esto se llama una evaluación de impacto. Es un análisis de cómo el cambio afectará a los distintos grupos de una organización, como una familia, un negocio, un departamento de la empresa, diferentes industrias, diferentes demografías de población y muchas más áreas, según el cambio. Clasificamos los diferentes impactos como:

Bajo: Cambio es Mínimo
Medio: Cambio es Moderado
Alto: Cambio es Sustancial

Una vez que los líderes (directores ejecutivos, gerentes, funcionarios de la ciudad, padres y madres de familia, directores, maestros y otros) conocen la gravedad del impacto en las diferentes áreas de su organización, deben concentrarse en los Altos y Medios. Se familiariza el cambio con urgencia a los más afectados. Lo más importante para líderes es crear un sentido de urgencia sobre el cambio inminente. Crear un sentido de urgencia es un paso esencial para generar impulso y movilizar a las masas o los individuos impactados.

Para entender cómo funciona la Gestión del cambio considere la analogía de un semáforo.

- **Rojo:** Significa que es mejor que te *detengas* con una parada completa.
- **Amarillo:** Es una advertencia que es mejor que se *prepare* para acelerar o reducir la velocidad.
- **Verde:** Significa ¡adelante!, *Actué*. Pero antes de disfrutar de esa dulce aceleración, eche un segundo vistazo en ambos lados para asegurarse de que su camino esté realmente despejado.

Desde una perspectiva de gestión del cambio, los líderes deben realizar tareas en cada color del semáforo antes de pasar al siguiente color. Estas son algunas de esas tareas, incluidos algunos ejemplos.

Fases	Consideraciones
ROJO (Stop)	Detenga todo y crea un sentido de urgencia. Alerte a aquellos que han sido identificados como afectados de medio a alto y comuníqueles la gravedad del cambio.
	Comunique *cuál* es el cambio y *por qué* va a suceder y, si es posible, cuándo va a suceder.
	Comunique los beneficios de prepararse para el cambio. P.ej. Más habilidades, más dinero, más camas de hospital, más ventiladores.
	Comunique cuáles son los riesgos o las consecuencias de no prepararse. P.ej. Posible despido, colapso económico, aumento de muertes, hospitales superpoblados.
AMARILLO (Preparar)	Prepare y comunique una estrategia de gestión de cambios para el cambio.
	Comunique lo que esta funcionando bien, lo que no esta funciona y cuáles son los próximos pasos.
	Establezca expectativas y comunique más profundamente los detalles en la preparación para el cambio. P.ej. Tendremos que seguir nuevos protocolos. Utilizaremos nuevos equipos, herramientas o sistemas. Requeriremos más recursos. Tendremos que completar una formación específica. Reconoceremos y premiaremos a los primeros adaptadores al cambio.
	Comunique las consecuencias para aquellos que no están ayudando con el cambio.
	Comunique que enviaremos encuestas anónimas sobre cuán bien preparados creen que estamos para el cambio.
VERDE (Actúe)	Comience las reuniones de gestión de cambios. Comience la implementación de la estrategia de gestión del cambio. P.ej. Comenzar y completar el programa de entrenamiento. Comience a implementar un programa de incentivos para ayudar a que el cambio se mantenga. Comience a contratar recursos. Comience a hacer pedidos de suministros. Comience a enviar encuestas sobre la preparación para el cambio.
	Comunique constantemente todas las actualizaciones de tareas sobre el cambios a todos los afectados (alto-medio Y bajo).

Las fases ROJO, AMARILLO y VERDE se construyen una sobre la otra, son secuenciales. Por ejemplo, no podemos omitir la Fase Roja (Stop) e ir directamente a la fase verde (Actúe). ¿Por qué? Porque hay una falta de comunicación detallada sobre cómo se gestionará el cambio. Es posible que los impactados no asistan a las capacitaciones o contraten recursos adecuados o hagan pedidos de suministros rápidamente. A menudo, los líderes dejan caer la pelota en algunas de estas fases y tareas. Cuando eso suceda, los consultores de Gestión del Cambio deben ayudar a encontrar una solución.

Durante los primeros cuatro meses de la pandemia, pensé mucho en la gestión del cambio y en las fases o tareas que los líderes podrían haberse saltado. Como consultor de Gestión del Cambio, consideré varias preguntas que parecían relevantes para cada fase:

Fases	Consideraciones
ROJO (Stop)	¿Se les explicó cuál era el cambio y cuándo era más probable que ocurriera?
	¿Los líderes lideraron el cambio o lo minimizaron?
	¿Crearon un sentido de urgencia?
	¿Se advirtió a aquellos que tuvieron un impacto medio a alto por el cambio? p.ej. Primeros respondedores, ancianos, industria de la salud, industria del transporte, etc. ¿Se les explicaron los beneficios de prepararse para el cambio?
	¿Sabían las consecuencias de no cambiar?
AMARILLO (Preparar)	¿Se explicó a los afectados exactamente qué iba a cambiar para ellos? Por ejemplo, nuevas políticas, equipos, pruebas, procesos, distanciamiento social, etc.
	¿Tenían medidas de mejora del rendimiento para apoyar el cambio? Por ejemplo, capacidad hospitalaria, recursos y equipos suficientes.
	¿Se les explicó qué capacitaciones serían necesarias? Por ejemplo, directrices estatales, pruebas de COVID-19, seguimiento de contactos, mejores prácticas y procesos.
	¿Los afectados sintieron que la organización estaba lista para el cambio?
VERDE (Actúe)	¿Tuvieron reuniones consistentes de gestión del cambio?
	¿Implementaron la estrategia de gestión del cambio? P.ej. ¿Plan de comunicación, programa de capacitación, programa de incentivos?
	¿Contrataron los recursos necesarios?
	¿Hicieron pedidos de suministros a tiempo?
	¿Enviaron encuestas de preparación para la gestión del cambio?
	¿Comunicaron todas las actualizaciones de gestión de cambios a todos los afectados (alto-medio Y bajo)?

Estas son preguntas urgentes que los líderes deben considerar y responder. Incluso si los líderes no conocen todas las respuestas, debemos preguntarles constantemente y ayudar a los líderes a encontrar las respuestas. La comunicación constante con y por el liderazgo es imprescindible. Esto abordará las necesidades críticas, incluso ayuda a identificar señales de alerta, identificar las preguntas frecuentes, priorizar áreas de impacto alto, medio y bajo, forzar la toma de decisiones y comunicar soluciones. ¿Por qué es tan importante subrayar este punto? Porque muchos líderes alrededor del mundo no lo hicieron y sabiendo que la pandemia venia; lo que tuvo consecuencias devastadoras.

CAPÍTULO IV

Febrero – La Adaptación Temprana

Hacia fines de enero y principios de febrero, el gobierno de Costa Rica comenzó a implementar intervenciones de mejora del desempeño para ayudar a mitigar la pandemia. Experimenté al menos diez intervenciones de este tipo en los meses de febrero, marzo y abril. Al ver estas intervenciones en práctica, he concluido que son la razón principal por la que los casos y fallecidos por COVID-19 en Costa Rica se mantuvieron bajos. También son la razón por la que los hospitales costarricenses no se desbordaron de pacientes y nuestras comunidades se mantuvieron algo saludables, lo que nos permitió abrir la economía de manera segura.

Veamos estas diez intervenciones, tal como ocurrieron durante las siguientes semanas y meses.

1er INTERVENCIÓN EN CR: ACTIVAR PROTOCOLOS DEL AEROPUERTO

Costa Rica no tuvo casos de coronavirus en febrero. Sin embargo, los aeropuertos activaron protocolos para atender a los viajeros con síntomas. Si un viajero presenta síntomas de coronavirus (fiebre, tos, dificultad para respirar), los pilotos o los auxiliares de vuelo se comunicarían con los funcionarios de salud del aeropuerto, lo que activaría el protocolo. Los pasajeros serían escoltados donde los profesionales médicos les realizarían pruebas. Más de 150 personas fueron evaluadas en el aeropuerto durante el mes de febrero. El presidente también comunicó que era solo cuestión de tiempo antes de que tengamos un caso en Costa Rica, y que ya podría estar en nuestro país. El gobierno envió las directrices de la Organización Mundial de la Salud (OMS) para el público en general a través de mensajes de texto y noticias para ayudar a prevenir la propagación de COVID-19.

- Lávese las manos con frecuencia.

- Manténgase al menos a 1 metro de distancia de cualquier persona que esté tosiendo o estornudando. Obviamente la distancia social aumento con tiempo.

- Evita tocar tus ojos, nariz o boca; practicar buena higiene respiratoria.

- Si tiene fiebre, tos y dificultad para respirar, busque atención médica temprano.

- Quédese en casa si no se siente bien.

El gobierno se estaba preparando para COVID-19 y ya estaba creando una sensación de urgencia de que el cambio se acercaba y que tendremos que hacer cambios en nuestra vida cotidiana. Sorprendentemente, la reacción del liderazgo estadounidense fue un marcado contraste con la de Costa Rica.

EL MES PERDIDO

Durante todo el mes de febrero, el presidente Trump continuó afirmando que el país estaba bajo control. Esto fue a pesar de lo que estábamos viendo en las noticias y las advertencias de China, Italia, Irán, Corea del Norte y muchos más países que ya estaban lidiando con el problema. Trump minimizó repetidamente la gravedad de la pandemia:

- El 10 de febrero dijo: "ya sabes en abril, supuestamente muere con el clima más cálido. – FOX News.
- 14 de febrero: "Existe una teoría de que, en abril, cuando hace calor, históricamente, ha sido capaz de matar el virus. Entonces, aún no lo sabemos; No estamos seguros todavía. Pero eso está a la vuelta de la esquina ". - Trump al hablar con los miembros del Consejo Nacional de Patrulla Fronteriza.
- 23 de febrero "Lo tenemos muy bajo control en este país ". - Trump al hablar con los periodistas.
- 26 de febrero: "Y de nuevo, cuando tienes 15 personas, y las 15 dentro de un par de días se reducirán a casi cero, ese es un trabajo bastante bueno que hemos hecho". - Trump en una conferencia de prensa.

Según el Centro de Recursos de Coronavirus John Hopkins el 26 de febrero, más de un mes después del primer caso en los EE. UU., Hubo 60 casos confirmados de COVID-19 en los EE. UU., uno de los cuales fue "propagación comunitaria", lo que significa que no sabían cómo el paciente contrajo el virus, ya que no tenía un historial de viaje a ningún punto de acceso donde había COVID-19 ni había tenido contacto con alguien con el virus. En este momento, los EE. UU. parecían no tener idea de cuántos casos tenían. El virus se estaba extendiendo rápidamente sin control. Creo que esta debería haber sido la señal de alerta para un bloqueo en todo el país, en términos de considerar los cambios necesarios en las políticas, estrategias y tácticas para contener la propagación.

En este día, 26 de febrero, durante una conferencia de prensa presidencial, se le preguntó al presidente Trump si estaba preocupado por la propagación del nuevo coronavirus en los Estados Unidos, dijo: "No, porque estamos listos para ello". Se le preguntó si estaba considerando imponer restricciones de viaje hacia y desde los países que lidian con el brote, su respuesta fue: "Puedo dar este paso, pero en este momento, no es el momento adecuado".

Al día siguiente, el 27 de febrero, durante una reunión con líderes afroamericanos, el presidente Trump dijo: "Va a desaparecer. Un día, es como un milagro, desaparecerá.". Ignoraba lo que decían los expertos en epidemiología. Él minimizó lo que el Dr. Fauci le estaba diciendo al público. Ignoró brotes visibles en todo el mundo y en su propio país. Estas fueron solo parte de una serie de decisiones improductivas que tomó como líder durante las primeras etapas de la pandemia en los EE. UU., Que probarían tener graves consecuencias en los meses venideros.

El 29 de febrero, Estados Unidos informó de su primera muerte por coronavirus en el estado de Washington. Pero resultó no ser el primero; Posteriormente se descubrió que, el 6 de febrero, hubo una muerte anterior por coronavirus en Santa Clara, California. Solo podemos preguntarnos cuán diferentes podrían haber sido los resultados si los funcionarios estadounidenses hubieran tenido una respuesta temprana y efectiva para identificar e implementar un sistema de detección y tratamiento.

CAPÍTULO V

Febrero – Mi Registro Personal

Imagen 3: Dr. Li Wenliang

El 7 de febrero, me di cuenta de la triste realidad de que el mundo había estado desesperadamente cerca de poder evitar esta pandemia. Un titular de la BBC decía: "Li Wenliang: el coronavirus mata al denunciante chino". Investigué un poco más y, según Wikipedia, a fines de diciembre, el Dr. Li Wenliang fue uno de ocho médicos que advirtieron a las personas sobre un brote de humano-a-humano de lo que pensaban que era el SARS. El 3 de enero, el Dr. Li fue convocado a la Oficina de Seguridad Pública de Wuhan y se le pidió que firmara una carta de confesión oficial en la que prometía dejar de difundir falsos "rumores" sobre el coronavirus. En la carta, fue reprendido por hacer comentarios maliciosos al anunciar siete casos de SARS en el mercado mayorista de mariscos de Huanan. Había "perturbado gravemente el orden social".

La carta decía: "Te advertimos solemnemente: si sigues siendo terco, con tanta impertinencia, y continúas esta actividad ilegal, serás llevado ante la justicia, ¿eso se entiende?" Obviamente el Dr. Li firmó la confesión escribiendo: "Sí, lo entiendo". La implicación, por supuesto, era que su vida podría haber estado en peligro si no firmaba la confesión.

El 28 de enero, la Corte Suprema de China se disculpó al escribir un mensaje en su cuenta oficial de WeChat que decía: "no deberían haber sido castigados porque lo que dijeron no era del todo falso". El 30 de enero, casi un mes después de que el Dr. Li nos advirtió sobre la transmisión de persona-a-persona, la Organización Mundial de la Salud declaró que el coronavirus era una emergencia de salud pública. Una semana después, el Dr. Li murió de COVID-19.

El Dr. Li y los otros siete médicos mostraron una valentía increíble al tratar de limitar, contener o detener el brote por completo. Un estudio de la Universidad de Southampton sugiere que, si el gobierno chino hubiera escuchado al Dr. Li inicialmente, el número de casos podría haberse reducido hasta en un 95%. El virus se habría contenido. Estos médicos se atrevieron a hablar, a riesgo de ser reprimidos, censurados o, peor aún, arrestados e incluso asesinados. Solo podemos esperar que ellos y su valentía vivan por mucho tiempo en nuestra memoria y sirvan como modelos para todos nosotros.

CAPÍTULO VI

Marzo - Un Sentido de Urgencia

Marzo fue el mes en que COVID-19 se hizo real para mí. Para empezar, los dos primeros casos sospechosos de COVID-19 aparecieron en Costa Rica. Costa Rica es un país pequeño con una infraestructura frágil y fue un gran problema para nosotros debido a las imágenes que salieron de Italia y España. En el fondo de nuestras mentes, sabíamos que América Latina tenía una cultura similar al de Italia y España. Gobiernos un poco desorganizados con familias grandes viviendo juntos, reuniones grupales con familia y amigos, saludos de beso, etc. Sabíamos que la cultura era una de las principales razones por las que se extendió tan rápido en Italia y España. Recuerdo haber pensado que nos eliminaría rápidamente si COVID-19 llega a Costa Rica.

El 29 de febrero, dos mujeres costarricenses habían viajado de regreso a Costa Rica desde Italia. No se sintieron bien cuando regresaron. Irónicamente, una de las mujeres es doctora y trabaja para el Ministerio de Salud en Costa Rica, por lo que contactó a sus colegas para que le hicieran pruebas. La noticia se difundió rápidamente, el país estaban en un estado de shock. La razón por la que esto fue tan real para mí es que conozco a ambas mujeres. Ambas son las tías de mi novia. Los veía todo el tiempo en eventos familiares, y uno de ellas vive a 4 kilómetros de mi casa. Las tías fueron trasladadas al Instituto Costarricense de Investigación y ambas fueron evaluadas dos veces.

El país esperaba en silencio los resultados de sus pruebas. Mi novia y yo estábamos constantemente preocupados de que se enfermaran, pero también estábamos en comunicación constante con ellos. Nos harían saber que estaban bien. La buena noticia es que 24 horas después, todas las pruebas resultaron negativas. Fue una llamada falsa; Costa Rica pudo respirar nuevamente. ¡Los dos estábamos muy felices! Sin embargo, las malas noticias llegaron cinco días después, el 6 de marzo. Un turista de Nueva York que había estado viajando por toda Costa Rica durante una semana dio positivo. Una vez más, Costa Rica estaba en estado de shock.

Tres días después de eso, el 10 de marzo, la primera persona en Michigan dio positivo. Empecé a preocuparme por mis padres. El 11 de marzo, el actor Tom Hanks y su esposa tuitearon que ambos contrajeron el coronavirus. Esta fue la primera vez que me di cuenta de que nadie es inmune a este virus. El dinero o la fama no ayudarían. En este día, la Organización Mundial de la Salud declaró formalmente a COVID-19 una pandemia.

En Costa Rica, los casos aumentaron instantáneamente a 13, incluido un bebé de 2 años. El 11 de marzo, subió a 22 casos. Recuerdo haber pensado, ¡22 casos ya! Para el 15 de marzo teníamos 37 infectados. Fue increíble lo rápido que aumentaron los números. Me entraba a la mente en las imágenes desesperadas de los hospitales en Italia.

2do INTERVENCIÓN EN C.R:
ESCUCHAR A LOS EXPERTOS

Imagen 4: Dr. Salas

La primera vez que recuerdo haberle prestado atención al Dr. Daniel Salas fue cuando los casos llegaron a 54 en solo cuatro días y salió reportando en la tele. Todo el país lo estaba mirando. Miraba a la cámara con la más intensa convicción. Nunca había visto a alguien tan serio y apasionado en mi vida. Sentí que estábamos a punto de ir a la guerra y me estaba hablando directamente. Estaba casi desgarrado por la emoción cuando dijo que Costa Rica ahora tenía 54 casos confirmados. Mi corazón dio un vuelco. Inmediatamente nos dijo que esto "no es una broma" y "tómelo muy en serio". Su convicción y dirección sobre qué hacer y qué esperar tuvo una sincronización perfecta. Fue justo antes de que la gente comenzara a entrar en pánico; lo que en mi opinión ayudó a muchos a evitar el sentimiento de desesperanza. Nos aseguró que no había motivos para temer; tenemos suficientes recursos para los próximos meses; solo tenemos que seguir las reglas del día a día. Es decir, nos detuvo (Stop: Fase Roja), comunicó el cambio y creó urgencia, también nos preparó (Prepare: Fase Amarilla), comunicó la situación, estableció expectativas de nuevos protocolos y nos hizo saber los beneficios y consecuencias del cambio, lo que nos motivó a cambiar.

Recuerdo que dijo que la cantidad de casos aumentaría, no hay forma de evitar eso, pero entonces se estabilizarían y bajarían. Dijo que dependía de nosotros qué tan alto o bajo queríamos que fueran los números. ¿Cuántos fallecimientos queríamos en nuestro país? Dijo que estos fallecimientos podrían ser cualquiera, tu abuela, tu madre, tu hermano, tu hermana, sin importar la edad. ¡Cualquiera! Que incluso las estrellas de cine, reyes, niños, pobres, ricos, negros, blancos, no importa. También nos recordó sobre lo que vimos en Italia y España y lo que les sucedió por no prepararse.

Daniel Salas todavía tiene la misma convicción que el primer día que lo escuché, a medida que aumentaban las teorías de conspiración, las desacreditaba con total transparencia y la gente aún tiene confianza en él, bueno, excepto los muy fanáticos de las teorías de conspiración. Sin duda en mi mente, Daniel Salas, el presidente de la Seguridad Social, Román Macaya y el presidente de Costa Rica, Carlos Alvarado, son la razón por la que no nos pasó lo de USA, Italia e España. Por supuesto, los socorristas, la policía, los empleados de supermercados y muchos más son los verdaderos héroes.

3.a INTERVENCIÓN EN C.R.
ACTIVAR CONTROL DE MULTITUDES

El gobierno inmediatamente comenzó a desplegar carteles en la calle, así como mensajes de texto enviados a nuestros teléfonos celulares y comerciales por la televisión, todo recordatorio de lavarse las manos y practicar el distanciamiento social. Para el 15 de marzo, solo cinco días después del primer caso COVID-19, Costa Rica cerró todos los bares, playas y parques nacionales. Los restaurantes solo podían permanecer abiertos con una capacidad máxima del 50%. Para el 16 de marzo, el MEP (Ministerio de Escuelas Públicas) cerró todas las escuelas públicas, y las escuelas privadas siguieron una semana después. El 17 de marzo se cerró el muy popular torneo nacional de fútbol. Para el 18 de marzo, Costa Rica cerró sus fronteras a extranjeros y no-residentes, y el 19 de marzo el gobierno impuso una cuarentena obligatoria de 14 días para todos los civiles, aplicada por la fuerza policial.

El 24 de marzo, comenzó la restricción vehicular entre las 10 pm y las 5 am. La mayoría de los vehículos estarían restringidos en las carreteras entre esas horas nocturnas con una lista de excepciones, que incluyen:

- Transporte de carga / mercadería.
- Transporte público, incluidos autobuses y taxis. Los autobuses necesitaban tener cada otro asiento vacío y nadie de pie.
- Vehículos que proporcionan entregas (alimentos, medicamentos, etc.) a las casas.
- Personas conduciendo hacia / desde el trabajo correspondiente a esas horas nocturnas.
- Recolección de basura y vehículos de construcción.
- Cuando conduce a un hospital o farmacia por una emergencia de salud.
- Aplicación oficial de la ley y vehículos de ambulancia.

El EPICENTRO EN COSTA RICA

El epicentro en Costa Rica comenzó en una provincia llamada Alajuela. Comenzó debido a un médico que no sabía que lo tenía. Estaba infectando a docenas de personas. Aproximadamente un mes después él murió de COVID-19. La segunda provincia más infectada fue San José, la capital de Costa Rica. San José eventualmente se convertiría en el epicentro un mes después. También es donde vive mi madre y su esposo. Ambos en sus 70's y ambos con problemas pulmonares. Mi padrastro tiene asma y mi madre tiene bronquiectasias. El tercer cantón más infectado es uno de lo más poblados llamado Desamparados. Por último, el cuarto cantón más infectado fue uno de los más ricos de Costa Rica, llamado Santa Ana.

En marzo, los casos aumentaban unos 20 casos por día, y sabíamos que solo empeoraría. El estrés se estaba acumulando. Recuerdo que el

9 de marzo, por primera vez en 38 años, el famoso Festival South by South West en Austin fue cancelado debido a COVID-19. Tenía un vuelo pagado y estaba planeando ir a Austin a principios de abril para visitar a mis padres e ir a una conferencia. A pesar de la cancelación del festival, mis padres y yo todavía estábamos planeando ir. Sin embargo, los casos comenzaron a crecer en los estados. Michigan eventualmente se convertiría en el cuarto estado más infectado en los Estados Unidos. A medida que aumentaban los casos en los EE. UU., la conferencia a la que íbamos a asistir fue cancelada. Además, se habló mucho sobre el virus afectando más a las personas mayores. Decidimos cancelar nuestro viaje, lo cual fue decepcionante, pero en retrospectiva fue la decisión correcta ya que las cosas empeoraron muy rápido.

4ta INTERVENCIÓN EN C.R: ACTIVAR PROTOCOLOS DE SUPERMERCADOS

Desde el punto de vista de la gestión del cambio, me encantó ver que el gobierno tuvo la previsión de limitar rápidamente la cantidad de artículos que cada persona podía comprar y la cantidad de personas permitidas en los supermercados. Las tiendas también ponen cinta adhesiva en los pisos donde las personas necesitaban pararse mientras estaban en la fila. En retrospectiva, estas fueron decisiones inteligentes y rápidas que impidieron muchas consecuencias en el futuro. Creo que la gente habría seguido comportándose de manera irresponsable si estas leyes y políticas no hubieran estado vigentes desde el principio. El 23 de marzo instalaron barreras plásticas para proteger a los cajeros y clientes. Estas decisiones impidieron que se agotaran los alimentos y productos de limpieza y los distribuyeron de manera uniforme a la comunidad. También redujo la propagación de COVID-19.

EN OTRAS NOTICIAS DEL MUNDO

El 1 de marzo, la ciudad de Nueva York recibió su primer caso de COVID-19, una mujer que viajaba desde Irán. En ese momento, los países con más casos (fuera de China) eran Corea del Sur, Italia e Irán, y en ese orden. Los líderes de estos países se preocuparon más por su relación económica con China que por la salud de sus pueblos. No crearon un sentido de urgencia sobre el brote de virus que sabían que venia.

Al tratar de comprender las acciones de los líderes o la falta de ellas, algunos países nos presentan lecciones convincentes. En marzo, los cuatro países con tasas más altas fueron China, Corea del Sur, Italia e Irán. Es difícil saber por qué estos países experimentaron tasas de casos tan altas, pero es posible que, entre ellos, la preservación de sus interrelaciones económicas fuera vista por los líderes como una amenaza mayor para sus respectivos países que la que representaba para la salud de sus ciudadanos.

Ciertamente, no fue posible crear un sentido de urgencia y prepararse para un brote de virus que muchos sabían que venia. Irán, por ejemplo, durante este momento crucial no familiarizó ni preparó adecuadamente a sus ciudadanos, sino que culpó a los actores externos, incluido el Occidente. El 7 de marzo, según el LA Times, el presidente iraní Hassan Rouhani dijo: "Los enemigos de Irán están tratando de crear pánico sobre el virus para cerrar la sociedad". Sin embargo, asignar culpa es improductivo frente a una amenaza tan terrible como un virus. Retrasa la adopción de medidas eficaces y señala a los ciudadanos que es apropiado comportarse con el statu quo. De hecho, apenas una semana antes, a fines de febrero, el viceministro de salud y jefe del grupo de trabajo contra el virus de Irán, Iraj Harirchi, restó importancia al brote en la televisión nacional. Sin embargo, no todo estaba bien. Durante la transmisión, parecía pálido y transpiraba mucho. Un día después, se informó que había dado positivo por el virus. El resultado, aunque difícil para Harirchi, fue que cambió de opinión sobre el virus y comenzaron a producirse cambios de comportamiento en Irán. Más personas comenzaron a distanciarse socialmente y usar mascaras. Irán comenzó a ver una disminución en las infecciones. Según el rastreador de virus Johns Hopkins, a mediados de abril, Irán pasó del cuarto al octavo lugar en número de casos en el mundo.

El segundo país más infectado en ese momento fue Corea del Sur, estaba posicionado entre China e Italia en tasas de incidencia. El 24 de febrero, según el New York Times, las noticias coreanas llamaron a la pandemia el "Virus Moon Jae-in". Moon Jae-in es el presidente de Corea del Sur, y se vio que minimizaba el virus. China es el mayor socio comercial de Corea del Sur, y muchos atribuyeron la falta de una respuesta urgente de Corea del Sur a los vínculos del país con China. Algunos acusaron a Moon de no proteger la salud pública debido al temor de que cerrar las fronteras desagradaría al gobierno chino. En contraste desde enero Taiwán y Hong Kong reaccionaron agresivamente en mantener los brotes de COVID-19. Ambos países ya habían cerrado sus fronteras a China durante más de un mes. En marzo, Taiwán solo tenía 49 casos confirmados y una muerte y Hong Kong informó 100 casos y 2 muertes. Por el contrario, Corea del Sur ya había informado de 5.766 casos y 35 muertes.

Se especuló que este rápido aumento en los casos de Corea del Sur estaba también relacionado con un grupo religioso excéntrico llamado la Iglesia de Jesús Shincheonji, con sede en la ciudad de Daegu. Según la BBC, más de la mitad de los casos de Corea del Sur estaban centrados o relacionados con miembros de esta iglesia que se congregaban en secreto, participando en ceremonias de grupos grandes, a veces cientos de personas a la vez. El gobierno finalmente desmanteló estas reuniones masivas, que sin duda ayudaron a aplanar la curva.

A Italia también le resultó difícil preparar a sus ciudadanos para los cambios de comportamiento necesarios para mitigar la pandemia. Incluso con varios casos ya identificados en el país, la respuesta del gobierno fue minimizar la amenaza. Según QRIUS.com, desde el principio, el gobierno de Italia comunicó mal la gravedad de la pandemia y con poca transparencia por parte de los funcionarios. Los políticos, e incluso algunos científicos, afirmaron que el virus no era más que una gripe estacional ordinaria. Incluso pidieron que se llevaran a cabo eventos, exhibiciones y partidos deportivos, citando razones económicas. Al igual que en otros países, la economía sin duda jugó un papel en la toma de decisiones relacionadas con la pandemia por parte de los líderes. El norte de Italia (donde comenzó el brote) tiene una gran industria de la moda que tiene vínculos económicos directos con China, por lo que no era de su mejor interés económico prohibir los vuelos procedentes de China.

También se ha especulado que el golpe fuerte de coronavirus en Italia estuvo relacionado con sus prácticas culturales. Por ejemplo, abrazándose y besándose para saludar. Hogares multigeneracionales con abuela y abuelo viviendo en la misma casa; estos se convertirían en factores en el aumento de casos y muertes, junto con el número de personas mayores en la población. Por ejemplo, el 23% de la población de Italia tenía más de 65 años, un porcentaje alto en comparación con otros países europeos.

Imagen 5: Bandera Italiana

Según el rastreador de virus Johns Hopkins, para el 7 de marzo, Italia había reportado 1247 nuevos casos y 36 muertes en un día; un total de 5.884 casos y 233 fallecidos. Este nivel de números eran desconocidos hasta este momento. Las noticias de marzo mostraron que el número de muertos en Italia aumentaba drásticamente, imágenes de cadáveres, entierros masivos, médicos y enfermeras desesperados pidiendo recursos y videos de hospitales abarrotados. Fue tan devastador que los estudiantes de medicina fueron sacados de las universidades e inmediatamente llevados a hospitales para ayudar. Médicos de otros países como Albania vinieron a brindar apoyo.

Imagen 6: Doctores de Albania

Ver las noticias en Costa Rica sobre lo que sucedía en Italia y España fue como ver una guerra en vivo todos los días. Fue increíblemente triste. A principios de abril, Italia reportaría la asombrosa cifra de 136.000 casos y 17.000 muertes.

14.03.2020 NICARAGUA TIENE FESTIVAL DE AMOR

Aquí en Centroamérica, Nicaragua, nuestro país vecino al norte, no parecía estar respondiendo de ninguna manera positiva al peligro del virus. De hecho, algunas acciones parecían completamente contrarias. El 14 de marzo, hubo una "fiesta del amor" con cientos de personas marchando para vencer al virus con el "poder del amor". El 6 de abril se celebró un carnaval de verano al que asistieron cuatro mil personas. De hecho, a lo largo de esta pandemia, Nicaragua pareció alentar con entusiasmo el turismo, conciertos y los deportes nacionales. La vida transcurría como si todo fuera normal ahí. Conciertos, fiestas, festivales e iglesias, todos llenos de gente. Durante esta fecha Nicaragua solo reportó dos casos y cero muertes, obviamente noticias falsas. Cuando escuché esto, lo primero que me vino a la mente fue que se trataba de una bomba de tiempo. Nicaragua es el país más pobre de Centroamérica, encabezado por un dictador llamado Daniel Ortega y su esposa, Rosario Murillo. Con pocos recursos en el país y falta de liderazgo para ayudar a las personas a evitar contraer el virus, era solo cuestión de tiempo antes de que ocurriera un brote colosal. ¿Me preguntaba, donde iría toda la gente de Nicaragua para recibir atención médica?

26.03.2020 EE. UU. SE CONVIERTE EN EL EPICENTRO GLOBAL

Para el 26 de marzo, Estados Unidos se convirtió en el epicentro global de COVID-19 y Nueva York se convirtió en el epicentro en los Estados Unidos. La falta de ventiladores, mascarillas y kits de prueba fue una preocupación seria en Nueva York y en muchos otros lugares. En todo Estados Unidos, los gobernadores estatales suplicaban al presidente que invocara la Ley de Producción de Defensa, una medida que obligaría a las empresas a reacondicionar y fabricar productos críticos y necesarios para derrotar la pandemia. La respuesta del presidente Trump a las solicitudes de los gobernadores parecía inexplicable y política. Al no crear un mandato a nivel federal que dirija a las empresas estadounidenses a satisfacer la necesidad de equipos vitales, los estados se vieron obligados a competir entre sí por estos recursos. Una situación que creó efectivamente una guerra de ventas y negociaciones entre los estados por mientras miles de ciudadanos se estaban muriendo.

Suena absurdo, pero un día antes, el 25 de marzo, el presidente Trump declaró que quería abrir la economía estadounidense para el domingo de Pascua (13 de abril) y que le gustaría ver las iglesias llenas. Para nosotros en Costa Rica y probablemente en la mayor parte del mundo, esta declaración fue totalmente irracional y irresponsable. Estados Unidos estaba en medio de su pico de casos y muertes. De hecho, EE. UU., Con 81,864 casos reportados, se había convertido oficialmente en la nación más infectada del mundo, superando a

China. Recuerdo haber pensado que, si Trump abriera la economía estadounidense en dos semanas, estaría provocando el declive, no el aumento, de la economía estadounidense. Al ignorar a sus expertos, la data y el aumento de fallecidos y la propagación a nivel mundial (de hecho, incluso en su estado natal de Nueva York), su acción habría prolongado el impacto de la pandemia en su país.

Para el 25 de marzo, solo 25 días después de su primer caso, el estado de Nueva York tenía más de 4000 casos. Una gran cantidad de casos en poco tiempo. Una de las razones por las que los expertos creían que se disparó tan rápido se debió a la cantidad de tráfico peatonal en la ciudad de Nueva York, junto con no cerrar lo suficientemente pronto. Por ejemplo, los negocios no esenciales no cerraron sus puertas hasta que se confirmaron más de 10,000 casos. Por el contrario, aquí en Costa Rica, el gobierno ordenó el cierre de negocios no esenciales después de poco más de 100 casos.

El 30 de marzo, la ciudad de Nueva York tenía motivos para tener esperanzas. Un enorme hospital flotante, el USNS Comfort, llegó a su puerto para ayudar a tratar a los infectados, que habían aumentado a más de 30.000. Me sentí sorprendido y aliviado por el apoyo del gobierno a la Ciudad. Y, como muchos, me sentí alentado ante esta impresionante vista.

Imagen 7: USNS Comfort

CAPÍTULO VII

Marzo - Mi Registro Personal

 Recuerdo estar emocionado de que marzo había llegado porque era mi mes de cumpleaños, y estaba empezando a hacer planes con amigos y familiares. Había reservado un vuelo para ver a mis padres (papá y madrastra) en una conferencia en Austin, TX. Estaba emocionado porque no nos vemos a menudo y siempre la pasamos muy bien juntos. Planeaban volar desde Michigan y yo planeaba volar desde Costa Rica.

 El 7 de marzo, mi tía y mis primos de Suiza organizaron generosamente una encantadora reunión familiar con más de 50 personas. Fue muy lindo tener a toda la familia de Costa Rica en un solo lugar, lo cual no es muy fácil de hacer. Recuerdo durante la reunión; nadie se distanciaba socialmente. Todos se abrazaban y besaban. ¡Fue Genial! Sería la última vez que vería a mi familia en mucho tiempo.

Esta es una foto de mi familia en la reunión familiar. Mi tía y mis primos se quedaron un par de semanas más y luego se fueron a Suiza. El día después de su partida, el 18 de marzo, el gobierno costarricense cerró sus fronteras. Suiza en ese momento ya tenía cerca de cinco mil casos y 43 muertes. Ese fue un número considerable para un país tan pequeño. Me preocupaba que se fueran a casa, pero regresaron sanos y salvos y estaban sorprendentemente tranquilos.

A mediados de marzo, el mundo había cambiado dramáticamente. El número de fallecidos cada día en Italia y España era discordante. Además, los casos en los Estados Unidos estaban aumentando rápidamente. Me sentí asustado, confundido, enojado, estresado y triste. Sentí todas las emociones durante todo el día. Mi novia y yo rápidamente decidimos mudarnos juntos, en caso de que uno de nosotros se enfermara. Además, ella vive en una parte más congestionada de la ciudad, y sería más seguro para ella vivir conmigo. El estrés pasó de 1 a 10 muy rápido en todo el país; el pánico se estaba hundiendo. Algunas personas compraron lo que parecía ser todo el supermercado. Sin embargo, la mayoría de los costarricenses esperaban que nuestros líderes nos guiaran, ya que teníamos un repertorio positivo con ellos sobre la pandemia. El presidente vendría a establecer el tono, pero la mayoría de las actualizaciones y directrices vendrían del Ministerio de Salud. Todos los días a las 12:30 p.m., el país se detenía y escuchaba a Daniel Salas, el jefe del Ministerio de Salud.

LOS SOCIALMENTE IRRESPONSIBLES

El brillante comediante George Carlin dijo una vez: "Nunca subestimes el poder de las personas estúpidas en grupos grandes". Sin duda, los grupos grandes tienden a fomentar el comportamiento de manada. Y, aunque no es útil asignar etiquetas de "estúpido" a las personas, es importante comprender las acciones que las personas eligen realizar y que ponen en peligro la seguridad pública. El comportamiento en grupos puede oscurecer el pensamiento claro, bloquear la preocupación por los demás y energizar el egoísmo. Los resultados no siempre son positivos. Por ejemplo, el 15 de marzo, Costa Rica pidió el cierre de todos los bares, playas y parques nacionales. El 16 de marzo, el Ministerio de Escuelas Públicas cerró las escuelas. Intentando pasar unas últimas vacaciones, cientos de jóvenes y familias acudieron a las playas. El 19 de marzo, en un esfuerzo por lograr que las personas regresaran a sus hogares, el gobierno instaló una cuarentena obligatoria de 14 días en casa. Sin embargo, tomó algún tiempo sacar a la gente de las playas, especialmente a los surfistas. La policía arrestó al surfista campeón nacional que estaba surfeando y como castigo, tuvo que pagar una multa y emitir una disculpa pública, recomendando a la gente a quedarse en casa.

Otros surfistas seguían infringiendo la ley. La fuerza policial disparó contra uno por huir de la policía, lo que generó una gran controversia sobre el uso de armas. La mayoría de los costarricenses parecía estar del lado de la policía. Aproximadamente dos semanas después de que cientos de personas escaparon ilegalmente a las playas, Costa Rica sintió su primer aumento en los casos. Para el 29 de marzo, Costa Rica había reportado 314 casos confirmados, 2 muertes y 3 que se habían recuperado.

Imagen 8: Surfista Corriendo de la Policía

MI PRIMER ATAQUE DE ANSIEDAD

Durante este tiempo, recuerdo haber escuchado que, en los hospitales en Italia, la reanimación boca a boca estaba prohibida porque los médicos se estaban contagiando con el virus. Los médicos tenían que decidir quién viviría y quién moriría porque los ventiladores eran muy escasos. Todos los días se me pasaba por la cabeza que sería fácil que Costa Rica le pase lo mismo que a Italia o España (¡o peor aún!) Ya que ambos países están más desarrollados que Costa Rica. La ansiedad aumentaba rápidamente. Recuerdo haber visto, por primera vez, a italianos cantando hermosa ópera en sus balcones. Cantaban para darse un poco de esperanza, ya que estaban en medio de una pandemia bélica. Ver esto me hizo dejar de hacer lo que estaba haciendo y llorar. No podía creer en lo que se había convertido nuestra realidad.

Mi novia también tuvo una crisis nerviosa porque estaba muy preocupada por su mamá y su papá, que viven a cuatro horas de distancia, en la costa caribeña de Costa Rica. Ella realmente estaba sintiendo nerviosa, queriendo estar con ellos en caso de que uno de ellos se enfermara, pero también no quería dejarme solo en caso de que me enfermara. Lo hablamos una noche y decidimos mutuamente que era mejor que ella estuviese con sus padres. Razonamos que yo tenía más posibilidades de no enfermarme tan peligrosamente con el virus que sus padres. También tuve a Rafie, mi perro, como compañía.

Entonces, por suerte se quedó hasta mi cumpleaños (finales de marzo). Me alegro de que lo haya hecho.

A nivel financiero, estaba preocupado. Soy un consultor independiente, por lo que trabajo para mí mismo y los negocios dejaron de llegar. Una organización internacional sin fines de lucro era uno de mis clientes anteriores, y planeaba seguir trabajando para ellos en 2020. El gobierno de Costa Rica y esta organización había asociado para ayudar a aumentar el número de personas bilingües en el país y me contrataron para brindar experiencia en Gestión del Cambio para este programa, que incluyó a más de 150 voluntarios. Sin embargo, una vez cerradas las fronteras costarricenses, todos los voluntarios tuvieron que salir del país. El proyecto estaba congelado y, así, no tenía ingresos significativos.

Hice un balance de mi situación. Tengo un apartamento que alquilo a estudiantes, pero estaba vacío en este momento. Necesitaba conseguir un nuevo inquilino y encontrar un trabajo remoto lo antes posible. Sabía que era probable que las cosas empeoraran, así que comencé a publicitar el apartamento en todas partes. También solicité trabajo. Una pista de trabajo parecía prometedora como intérprete de español-inglés. Las entrevistas fueron exitosas y me ofrecieron el trabajo. Todo lo que tenía que hacer era firmar el contrato, pero eso requería que me presentara en persona. No se permitieron firmas electrónicas. Estaba programado para firmar el 1 de abril. Sin embargo, a finales de marzo, las oficinas de la empresa cerraron y todas las firmas de contratos se habían congelado hasta que pudieran hacerse en persona. Fue un golpe fuerte, porque estaba buscando bastante y este trabajo parecía muy prometedor. Lo único que me quedaba hacer era seguir buscando.

Para colmo de males, hubo escasez de agua durante este tiempo. Por los últimos dos años durante el verano hay escasez de agua en partes del país. Esto significa que no hay agua de 10 a.m. a 6 p.m., casi de por día y medio. Al mismo tiempo, también hubo escasez de alcohol y alcohol en gel. Me había acostumbrado a la escasez de agua en el pasado, pero el brote solo empeoró la situación; sentí que el virus estaba en todas partes. En las puertas, en mis zapatos, en las patas de mi perro, en mis lentes, en todas partes. No tener agua para lavarme las manos fácilmente y estar preocupándome de donde voy a conseguir alcohol en gel fue increíblemente frustrante. Terminé comprando un tanque de agua de buen tamaño y lo llené de agua, pero aún así era una molestia ducharme o lavar cosas. Gracias a Dios, la temporada de lluvias llegaría en un par de meses.

27/03/2020 MI PRIMER CUMPLEAÑOS VIRTUAL

En este punto, estaba deseando que llegara mi cumpleaños. Mi novia regresaría pronto a la casa de sus padres y yo estaba decidido a divertirme con ella antes de que se fuera. Este día me desperté con la noticia de que Boris Johnson había contraído el virus. Johnson, el primer ministro del Reino Unido, era otro líder que había minimizado la gravedad de la pandemia, lo que provocó que Inglaterra encabezara las muertes por COVID-19 en Europa, superando incluso a Italia. Recuerdo haber pensado, tal vez esta experiencia personal con el virus cambiaría la opinión de Johnson sobre la gravedad de la pandemia. Es alentador pensar que un cambio de opinión puede resultar en un cambio de política y protocolos.

El optimismo y mis ganas de pasarlo bien durante mi cumpleaños era una combinación terapéutica. Mi dulce novia preparó el desayuno esa mañana. Luego, recogimos un pastel de cumpleaños para nuestra celebración por la noche. Durante el día ella trabajaba (de forma remota), mientras yo salí y compraba algunos globos, carne, verduras, cervezas y vino. El supermercado estaba lleno. Afortunadamente, tenía menos de diez artículos, así que salí rápidamente por el carril. También recuerdo que todos los cajeros tenían un muro de plástico claro entre ellos y los clientes. Me alegré ver eso.

En el supermercado me moví rápido; Se sentía como un videojuego que jugaba cuando era niño llamado Frogger, donde una rana tenía que cruzar una calle y evitar los autos que pasaban zumbando. Tuve que evitar a los otros compradores de la misma manera. En medio de este juego debí dejar caer mi botella de alcohol en gel. El desinfectante era difícil de encontrar en ese momento. Recuerdo sentirme abrumado por eso; sentí como si hubiera perdido mi celular. Sin embargo, decidí no dejar que eso arruinara mi día y, una vez que estuve en casa, pasé al modo de cumpleaños. Nada me impediría pasar un buen rato.

Mientras me preparaba para la fiesta virtual, recibí una llamada de un chico que había visto el apartamento hace unos días atrás. Estaba interesado en el apartamento y quería mudarse a principios de abril. ¡Fue increíble! ¡El mejor regalo de cumpleaños! En la noche de cumpleaños, mi novia había planeado en secreto una pequeña fiesta sorpresa virtual con mi familia. Todo el mundo se subió a Skype, me cantaron feliz cumpleaños, y bebimos vino, comimos y hablamos durante horas. Compartimos experiencias de cuarentena, programas de Netflix y mucho más. Aunque era virtual, me sentí más cerca de ellos que nunca. Esperaba que otras familias sintieran el mismo tipo de amor y conexiones con sus seres queridos.

El 29 de marzo, mi novia se fue a su ciudad natal, Limón, donde solo había un caso denunciado en ese momento. Eso fue reconfortante. Pero ambos nos sentimos tristes y nerviosos ese día. Triste porque no estábamos seguros de cuándo volveríamos a vernos y nerviosos porque ella estaba tomando un Uber para llegar. Limpiamos y desinfectamos el auto antes de que ella entrara. Llevó una máscara durante todo el viaje de regreso. Debido al bajo número de casos en Limón, hubo civiles en la ciudad que bloquearon algunas carreteras para evitar la entrada de personas, tratando de evitar posibles portadores del virus. Afortunadamente, se fueron temprano. Fue la decisión correcta: pasó sin problemas y sus padres estaban encantados y aliviados de verla.

A pesar de lo duro que fue marzo, recuerdo sentir la ironía de todo. Aprecie más que nunca mi familia y amigos. Y me sentí realmente agradecido de que la pandemia sucediera en el sentido de que le dio al planeta un respiro. Por fin nuestro planeta pudo recuperarse un poco. Quería que eso sucediera casi toda mi vida. Las calles sin tantos vehículos hicieron que el aire se sintiera más limpio, podía oír más aves en los árboles, ver y oler más vegetación, y el cielo estaba claro como el cristal durante las noches. Las noticias reportarían hermosas historias como imágenes satelitales de la tierra rejuveneciendo, animales salvajes saliendo de los bosques a jugar naturalmente en las playas. Mi novia vio a un manatí nadando por un canal en su ciudad. Es increíble la diferencia que pueden hacer solo dos meses en la Tierra. Espero que aprendamos de esto y que cuidemos más nuestro planeta. Cuando todo esto termine, sería genial si adoptamos un mes de cuarentena global para darle un descanso a nuestro planeta.

CAPÍTULO VIII

Abril – Protocolos Aplicados

A fines de abril, el gobierno costarricense había aplicado 10 intervenciones para mejorar el desempeño. Los siguientes son los últimos cinco de ellos.

5to INTERVENCIÓN EN C.R.
PREPARE EL LIDERAZGO LOCAL

Esta intervención fue un gran pedido de parte del gobierno de Costa Rica, ya que el liderazgo local necesitaba comunicar y hacer cumplir las restricciones. Para mi sorpresa, esto no estaba sucediendo en otros lugares fuera de Costa Rica. Por ejemplo uno de mis mejores amigos vive en Brooklyn, Nueva York. El 23 de marzo le pregunté cuántos casos se habían denunciado allí. No pudo responderme. De hecho, respondió sarcásticamente: "Déjame gritar por la ventana y preguntar". Finalmente, me envió un panel de datos para todo el estado de Nueva York, pero no conocía la situación en su propio distrito.

Eso me sorprendió porque, en Costa Rica desde principios de marzo, cada alcalde de condado enviaba informes de tablero diarios con el estado de cada condado. El formato de los informes era siempre el mismo. Mostró casos confirmados, casos nuevos, defunciones y total recuperado. Sé que Costa Rica es mucho más pequeña que Nueva York, pero un par de distritos de Nueva York seria comparable a la población de Costa Rica y aun así no sabían el impacto que tenia la pandemia en sus distritos. Para mí, era increíble que los distritos de Nueva York no comunicaran a su población a diario por lo menos el número de casos y numero de fallecidos. Creo que, si lo hubieran hecho, habría ayudado a aplanar la curva. Las personas pueden haberse protegido mas con el uso de máscaras, quedándose adentro o, al menos, pueden haber sentido que el distrito manejó la situación de manera adecuada y están en buenas manos. Es posible que se hayan enorgullecido del hecho de que sus acciones colectivas ayudaron a reducir el número de casos en su distrito. Aquí en Costa Rica, se convirtió en una insignia de honor tener menos casos que en el siguiente condado. No queríamos subir en la lista.

Unos días después, el 25 de marzo, le pregunté a mi amigo de Nueva York si los parques de Brooklyn o Nueva York ya estaban cerrados. Dijo que no, y que dos días antes, el gobernador Cuomo le había dado a la ciudad 24 horas para elaborar un plan, hasta ahora sin resultado.

6to INTERVENCIÓN EN C.R. ACTIVAR RESTRICCIONES DE VEHÍCULOS

¿Por qué las organizaciones, grupos de personas, deberían querer adaptarse a un cambio? ¿Por qué están motivados a cambiar? ¿Qué hay para ellos? A menudo, las personas se suman a los cambios que deben realizarse no por los beneficios sino más para evitar consecuencias. Evitar la aversión funciona bastante bien para el cambio de comportamientos, especialmente para las personas que no están motivadas a tener responsabilidad social.

Costa Rica luchó con el diseño de consecuencias efectivas que resultarían en el cumplimiento del cambio.

Mucha gente no se quedaba en casa y no distanciaban socialmente. Entonces, primero, los funcionarios establecieron restricciones vehiculares de días por semana. Conducir en un día restringido significaba que quitarían la placa de su automóvil y emitirían una multa, además de agregar seis puntos a su licencia de conducir. Por supuesto, había excepciones a la ley, según los requisitos de su trabajo, pero, en general, las restricciones eran estrictas y se aplicaban. Creo que este fue uno de los factores clave en cómo Costa Rica aplanó rápidamente su curva, al menos inicialmente.

El 1 de abril, el gobierno aplicó su segunda ley de restricción de conducción del 3 de abril al 7 de abril. La restricción nocturna se redujo de las 22.00 a las 17.00 horas. Ya no podíamos conducir después de las 5 pm, con excepciones dependiendo de su trabajo. Pero también, colocaron una restricción de horario diurno según la placa de su vehículo:

- Restricciones los sábados y lunes para placas que terminan en 0, 2, 4, 6, 8.
- Restricciones los domingos y martes para placas que terminan en 1, 3, 5, 7, 9.
- La mayoría de las empresas comerciales deben permanecer cerradas. Los servicios de entrega todavía están permitidos y las empresas esenciales (incluidas las tiendas de comestibles y las farmacias) pueden permanecer abiertas.
- Transporte público de larga distancia limitado (75 km o más).

Pensarías que eso habría frenado a los que no tienen responsabilidad social, pero piénsalo de nuevo. El gobierno agregó otra medida estricta, principalmente porque sabían que se acercaba la Semana Santa. Irónicamente, la semana santa es una semana de fiesta en el país. Del 8 al 12 de abril, se observaría la restricción del vehículo en todo momento.

Se permite conducir a supermercados, farmacias y centros de salud de la siguiente manera:

- Miércoles 8 de abril: los vehículos con placas que terminan en 0 y 1 pueden conducir a supermercados, farmacias y centros de salud. Otros vehículos están prohibidos en las vías públicas.
- Jueves, 9 de abril: los vehículos con placas que terminan en 2 y 3 pueden conducir con las mismas restricciones mencionados.
- Viernes, 10 de abril: Vehículos terminando en 4 y 5 se les permite conducir con las mismas restricciones mencionados.
- Sábado, 11 de abril: los vehículos con placas que terminan en 6 y 7 pueden conducir con las mismas restricciones mencionados.
- Y Domingo 12 de abril: los vehículos con placas que terminan en 8 y 9 pueden conducir con las mismas restricciones mencionados.

Todo esto ilustra la pesadilla logística en establecer y hacer cumplir las consecuencias efectivas para grupos de personas que tienen diferentes motivaciones y sentido de responsabilidad social y tolerancia al riesgo. A lo largo de este tiempo, los funcionarios costarricenses monitorearon cómo se comportaba nuestra sociedad y respondieron rápidamente para modificar las restricciones según fuera necesario para asegurar la curva más plana posible.

Aquí hay una foto que tomé por mi casa. La policía deteniendo a personas que estaban conduciendo ilegalmente.

7mo INTERVENCIÓN EN C.R.
ACTIVAR PROTOCOLOS DE CONTROL DE FRONTERAS

El 3 de abril, mientras la mayoría de las naciones del mundo tomaban medidas severas para evitar concentraciones masivas, el gobierno de Nicaragua estaba haciendo lo contrario. El gobierno y el Instituto de Turismo (Intur) promovieron e invitaron a su nación a participar en su Carnaval de Verano anual. En esta fecha Nicaragua había reportado cinco casos y una muerte. En Costa Rica, escuchábamos diferente.

Imagen 9: Daniel Ortega

El 10 de abril, Nicaragua liberó a 1.700 prisioneros, aparentemente por su buen comportamiento. Se difundieron rumores de que la verdadera razón se debía a un brote de coronavirus en esas cárceles. Durante el mes de abril, cada día llegaban más nicaragüenses a Costa Rica. Costa Rica cerró su frontera a mediados de marzo y, para el 11 de abril, habían rechazado a 5.357 extranjeros en la frontera, y la mayoría de estas personas eran de Nicaragua. El gobierno envió refuerzos allí para ayudar a controlar la frontera que mide 300 kilómetros de punta a punta. El 13 de abril, el gobierno de Costa Rica instaló una base aérea en la frontera CR-Nicaragua para reforzar la vigilancia.

A principios de mayo, hubo informes de que el gobierno de Nicaragua estaba obligando a sus ciudadanos a enterrar a sus muertos por la noche y sin ceremonias, para evitar la cobertura de noticias internacionales.

Imagen 10: Aeropuerto Clandestino en la Frontera

Panamá, el vecino de Costa Rica al sur, adoptó el enfoque opuesto al de Nicaragua. Tenían una política estricta con sus ciudadanos. Detuvieron a las personas que rompieron la cuarentena, las encarcelaron durante 24 horas y les exigieron que posteriormente completaran 24 horas de servicio comunitario. Los infractores por segunda vez también fueron arrestados durante 24 horas, pero se les exigió que realizaran cuatro días de servicio comunitario. El 5 de abril, Panamá confirmó 1.988 casos y 54 muertes.

8vo INTERVENCIÓN EN C.R.
ENSEÑAR A LOS NIÑOS Y NIÑAS

El 23 de abril fue el Día Internacional del Libro. El gobierno de Costa Rica se asoció con las Naciones Unidas para promocionar un libro ilustrado gratuito para ayudar a los niños a comprender y aceptar la pandemia. El título del libro es Los días que TODO se detuvo. El IASC desarrolló un libro similar en inglés, que fue un esfuerzo de colaboración de más de 1700 padres, niños y maestros de todo el mundo para compartir cómo estaban lidiando con la pandemia.

Entonces, ¿por qué es importante destacar esto como la octava intervención de mejoramiento del desempeño? Es porque los niños son muy sociables, especialmente en la escuela, quizás incluso más que la mayoría de los adultos en sus rutinas diarias. Los niños también tocan físicamente muchas cosas durante el día, lo que puede propagar el virus aún más. También pueden ser asintomáticos y transmitir el virus a sus propias familias sin saberlo. Por lo tanto, es fundamental que ellos y sus padres comprendan las reglas de seguridad de la pandemia. También es fundamental que sepan lo que está sucediendo desde una edad temprana, ya que puede que esta no sea la última pandemia que experimenten.

El 24 de abril, Sesame Street y CNN produjeron un especial de 90 minutos para responder a las preguntas sobre la pandemia que solicitaron niños de todo el mundo. Fue una gran idea, ya que los niños pueden no haber entendido cómo y por qué la vida parecía tan diferente. Las preguntas ilustran la amplitud de información que los niños (y otros) buscaban:

- Lucy, una niña de 7 años de Alexandria, Virginia, y Julian de 9 años de Kiev, Ucrania, sienten

curiosidad por saber "¿si la gente puede contraer el virus bebiendo agua?"
- El amigo de Abby Cadabby, James, quería saber "¿cómo es el virus?"
- Los gemelos Bryce y Brody, 6, de Sands Point, Nueva York, preguntaron "¿por qué el jabón no mata el virus si se lo come?"
- Los hermanos Lucas y Avery preguntaron: "¿Cuándo terminará esto?"

9vo INTERVENCIÓN EN C.R. APLICAR PROTOCOLOS PARA ABRIL ECONOMÍA

El 24 de abril, Costa Rica reportó su menor número de casos en un día, solo uno. Los casos habían ido disminuyendo durante semanas. Las estadísticas mostraban 687 casos, seis muertes y 216 recuperadas, por lo que parecía que los costarricenses nos habíamos estado comportando bastante bien y nuestros esfuerzos habían dado sus frutos lo suficiente para reabrir parcialmente la economía. El 27 de abril, el Presidente nos informó de nuevas pautas:

- Los cines abrirán durante la semana con una separación de asientos de 2 metros (6.5 pies)
- Los parques abrirán al 25% de su capacidad para practicar deportes sin contacto.
- Los gimnasios y piscinas abrirán durante la semana laboral con un 25% de capacidad.
- Se abrirán oficinas de trabajo, servicios y centros de actividades, pero deberán tener 2 metros entre asientos. Deben adherirse a una larga lista de protocolos de prevención.
- Los establecimientos laborales deben promover el trabajo desde casa como una prioridad.

- Las barberías y salones abrirán al 50% de su capacidad.
- Las mismas restricciones vehiculares están vigentes hasta el 15 de mayo.
- Las tiendas de autos abrirán al 50% de su capacidad.
- Los estacionamientos se abrirán con los protocolos a seguir.

Estos cambios debían ser graduales y estar sujetos según el número de casos. El 11 de mayo, los funcionarios del gobierno determinarían si se impondrían más cambios.

Singapur fue utilizado por el Ministerio de Salud como ejemplo de advertencia. Pasó de ser una historia de éxito global a tener la mayor cantidad de casos en el sudeste asiático, posiblemente porque carecía de protocolos establecidos para trabajadores inmigrantes. Se dijo que los trabajadores inmigrantes eran uno de los grupos más infectados. La naturaleza de su trabajo y sus condiciones de vida (a menudo en apartamentos superpoblados) hizo que fuera desafiante, si no imposible, distanciar socialmente. Por lo tanto, Singapur tuvo que restablecer el cierre de su país.

10mo INTERVENCIÓN EN C.R.
ACTIVAR PRUEBAS Y RASTREO DE CONTACTO

Al 30 de abril, Costa Rica había registrado 719 casos, 6 muertes, 338 recuperados y 8688 casos rechazados, con un total de 13.240 pruebas completadas. Mostramos una trayectoria descendente durante varias semanas y, durante varios días, tuvimos más pacientes recuperados que infectados.

En lo que pudo haber parecido un esfuerzo por racionalizar sus propios números de casos, el presidente de El Salvador criticó a Costa Rica por no realizar suficientes pruebas, afirmando que, si su tasa de pruebas estuviera en los niveles de El Salvador, Costa Rica tendría la misma cantidad de casos o quizás más casos. A principios de mayo, cuando se publicó este informe, El Salvador había completado alrededor de 30.000 pruebas, Panamá 35.000 y Costa Rica 14.000. El Ministro de Salud de Costa Rica abordó esta crítica, explicando la estrategia que utilizaron para las pruebas.

Según Daniel Salas, durante el inicio del brote, Costa Rica realizó pruebas agresivas, hasta 2500 pruebas por día, porque tenían menos variables que buscar. Al principio no sabían mucho sobre los síntomas del virus, dónde estarían los puntos geográficos peligrosos y la demografía, entre otras variables. A medida que avanzaba el brote, Costa Rica estaba trabajando con más variables que les permitían usar sus pruebas de manera más eficiente. Por ejemplo, priorizaron la realización de pruebas a los trabajadores del transporte público, además de apuntar a los call centers, lugares frecuentados por personas mayores y aeropuertos. También llevaron a cabo un rastreo de contactos con aquellas personas que ya estaban infectadas con el virus para identificar ondas de posible propagación. Monitorearon y realizaron pruebas en centros de atención médica llamados E.B.A.I.S (Equipos Básicos de Atención Integral en Salud) donde la influenza y otras bacterias y virus como la diarrea habían aumentado en los últimos años o estaban aumentando. También estaban comenzando a analizar las aguas residuales para detectar el virus en diferentes condados para ayudar a determinar dónde enfocar los esfuerzos antivirus.

El seguimiento de los picos o la ausencia de picos de virus y bacterias proporcionaría un buen indicador de si la población del país estaba o no practicando distanciamiento social. En otras palabras, el enfoque de Costa Rica para reducir la propagación del virus no dependía únicamente de las pruebas, sino también de probar y analizar otros picos e indicadores relacionados para centrarse en hacer cumplir los protocolos en esos distritos.

Esta foto se muestran el E.B.A.I.S de mi pueblo adonde iré para recibir la vacuna contra la gripe y eventualmente contra COVID-19.

Imagen 11: E.B.A.I.S

OTRAS NOTICIAS EN COSTA RICA

El 6 de abril marcó el aniversario de un mes desde que se identificó el primer caso del virus en Costa Rica. En ese momento, teníamos 454 casos y dos muertes. Mi hermana y yo alternamos la compra de alimentos y suministros para mi mamá y mi padrastro. Este día fue mi turno. Me desperté muy temprano para ser uno de los primeros en llegar a la tienda. No estaba demasiado ocupado por dentro, no había demasiada gente. La tienda se había quedado sin algunas cosas, como harina y queso crema, pero no era gran cosa. Estaba emocionado de verlos, incluso en estas circunstancias. Afortunadamente, ambos estaban de buena salud. Ese día me sentí muy agradecido de que Costa Rica todavía tuviera comida en las tiendas y de que pudiera ver a mi mamá y su esposo en buena salud.

También en este día, según Healthpolicy-watch news, la Organización Mundial de la Salud (OMS) agradeció a nuestro presidente, Carlos Alvarado, y al ministro de salud, Daniel Salas, por su propuesta de crear un conjunto de derechos para pruebas, medicamentos y vacunas. Derechos con acceso gratuito o licencias en condiciones razonables y asequibles para todos los países. La Organización Mundial de la Salud apoyó la propuesta e informó que esperaban que Costa Rica completara los detalles. El director de la OMS dijo "Los países más pobres y las economías frágiles se enfrentan al mayor impacto de esta pandemia, y dejar a cualquiera desprotegido solo prolongará la crisis de salud y dañará más las economías".

El 7 de abril, la noticia informó que se estaban produciendo 600.000 máscaras protectoras de plástico aquí en Costa Rica, cofinanciadas por la seguridad social de Costa Rica y el sector privado. El plan era distribuir 1000 mascarillas por semana. Estaba orgulloso de ver ese informe. Ese mismo día se celebró el Día Mundial de la Salud, en honor a los médicos, enfermeras y personal sanitario de todo el mundo. Un informe noticioso mostró a los trabajadores de la salud en Costa Rica aplaudiendo durante varios minutos, no solo en los hospitales, sino también en las clínicas y los hogares de ancianos. Hubo imágenes de noticias de lo mismo sucediendo por todo el mundo. Recuerdo sentirme increíblemente agradecido por estos trabajadores de primera línea y literalmente aplaudí estando solo en mi sala mientras los veía en la televisión.

En otra nota, este día China levantó el bloqueo de 76 días en Wuhan, aunque algunas restricciones todavía estaban vigentes. Esta también fue una buena noticia, ya que me dio alguna esperanza de normalidad. El gobierno chino también advirtió, sin embargo, que la amenaza de más infecciones seguía lejos de terminar.

08.04.2020
MUERE UN ARTISTA LOCAL

El 8 de abril, me devastó escuchar que Francisco Munguia, uno de mis artistas costarricenses favoritos, había muerto a la edad de 43 años. Es fácil ver el trabajo de Munguia mientras caminas o manejas por Costa Rica. Había pintado más de 100 murales en todo el país. Vivió con la filosofía de que "el arte puede ser una herramienta transformadora para la sociedad". Sus murales son divertidos, brillantes, con curvas y, a menudo, con personajes de animales.

Pintaba murales para recaudar fondos para los derechos de los niños y los animales. Cuando se informó de su muerte, fue un día triste para mí. Tengo que recordarme a mí mismo que su arte sigue vivo. Recordaré a Francisco Munguia y su don del arte al país cada vez que veo uno de esos fantásticos murales.

15.04.2020
ANTICUERPOS PURIFICADOS

El 15 de abril, me emocioné al escuchar noticias sobre un posible tratamiento. El Instituto Clodomiro Picado de la Universidad de Costa Rica lideraba el tratamiento del virus en América Latina, utilizando plasma de pacientes recuperados y, sorprendentemente, de caballos. Según el Instituto, funciona así: 1. El caballo está inmunizado con proteínas no infecciosas del virus del SARS-CoV2. 2. A continuación, se separa el plasma. 3. Se purifican los anticuerpos anti-SARS-CoV2. 4. Se obtienen viales y se suministra el medicamento a los enfermos graves.

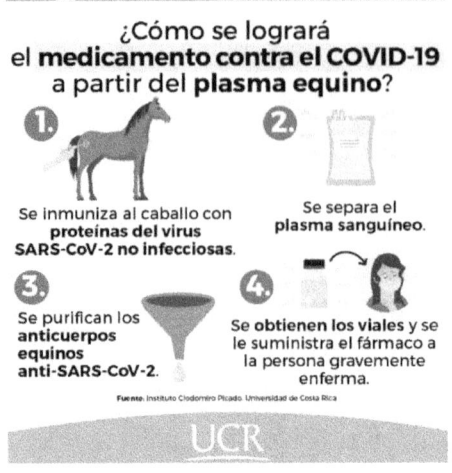

Imagen 12: Anticuerpos Contra COVID 19

Este Instituto tiene más de 50 años de experiencia en la producción de suero anti-veneno. Costa Rica tiene varias especies de animales venenosas, incluidas ranas y serpientes, y los accidentes ocurren todo el tiempo. Por lo tanto, el Instituto ya estaba equipado y fue bastante fácil para ellos reutilizar sus esfuerzos para ayudar a combatir el virus. ¡Noticias alentadoras!

24.04.2020
PRODUCCIÓN DE PRODUCTOS NACIONALES

El 23 de abril, salió la noticia de que Costa Rica comenzaría a producir sus propios kits de prueba de virus, disponibles dentro de seis semanas, según el Ministro de Salud. Hubo una gran demanda de kits de prueba en todo el mundo. Países alrededor del mundo comenzaron a producir kits de prueba, herramientas de rastreo y otros productos críticos relacionados con el virus. Esperaba que se convirtiera en un punto de inflexión a nivel mundial, no solo por ahora, sino también en un mundo pos-pandémico, de modo que los países pudieran comenzar a disminuir su dependencia de los productos chinos.

26.04.2020
COSTA RICA RECIBE AYUDA DE CHINA

Según el diario La Nación, el 26 de abril aterrizó en Costa Rica el primer avión (desde que golpeó el virus) procedente de China, que transportaba 40 toneladas de suministros muy necesarios. Estos incluyeron batas médicas desechables, respiradores N95 desechables, máscaras desechables, agujas desechables, guantes desechables y botas de seguridad para médicos y enfermeras. La donación total de 55 toneladas de suministros llegaría en otros dos aviones; valor total de $830.000.

EN OTRAS NOTICIAS GLOBALES

Para el 3 de abril, Ecuador se había convertido en el epicentro de América Latina. Ecuador es uno de los países más pobres de América Latina, con una infraestructura débil y una atención médica irregular. El 29 de febrero, una mujer ecuatoriana que regresaba a casa desde España fue identificada como el primer caso en el país. Para el 14 de marzo, las fronteras estaban cerradas a todos los extranjeros. Hubo 28 casos y dos muertes en ese momento. Aunque el cierre de la frontera ocurrió rápidamente, no hubo una acción oportuna similar para cerrar negocios y limitar las multitudes. No fue hasta el 24 de marzo, casi un mes después de su primer caso, que Ecuador desmanteló los mercados abiertos y eventos de deportes para limitar la unión de grupos grandes. Las pruebas también fueron un problema; simplemente no había suficientes kits para un brote tan rápido.

En los Estados Unidos ya para el 9 de abril, el estado de Nueva York tenía más casos que Italia, España o cualquier otro país del mundo. Fue realmente increíble ver que estos números aumentaron tan rápidamente en Nueva York. Era difícil incluso relacionarse con los números como representantes de humanos; se sentía fuera de control. Los

Estados Unidos tenían más de 436.000 casos, lo que representa un tercio del total de infecciones del mundo. El número de muertos en Estados Unidos fue de 15.600, solo superado por los 18.000 en Italia. Dos días después, el número de muertos en Estados Unidos superaría a Italia.

El 9 de abril, Costa Rica marcó nuestro mayor número de casos en un día con 37. Según el Ministerio de Salud, esto puede haber sido el resultado de acciones que la gente tomó semanas antes, cuando muchos se escaparon a las playas para pasar las vacaciones. Aunque no es del todo inesperado, este número, como muchas de las noticias relacionadas con el virus, nos tomó por sorpresa.

22.04.2020
DÍA DE LA TIERRA

El Día de la Tierra nunca pareció tan apreciado: las celebraciones se estaban produciendo en todo el planeta y las mini renovaciones de la tierra de todo tipo parecían posibles. Fue reconfortante ver tanta conversación sobre el Día de la Tierra en las noticias, en Internet ... todo parecía más significativo. Parecía que era lo único bueno que había salido de la pandemia hasta ahora. Goodnewsnetwork.org informó que el mundo es un lugar más verde que hace 20 años y los datos de los satélites de la NASA revelaron que esto es cierto. Los datos satelitales muestran que los dos países de China e India, ambos con las mayores poblaciones del mundo, están liderando la mejora en la restauración de la tierra.

El Día de la Tierra 2020 también contó con el Papa Francisco hablando sobre la importancia de nuestra Tierra: "Debemos, entonces, repensar cómo nos acercamos a la tierra. En lugar de explotarla para obtener recursos", ... "debemos recordar que estamos en tierra santa". El Papa dijo que "somos capaces de dar respuestas globales. Hemos visto acción colectiva en nuestra respuesta a la pandemia mostrando solidaridad unos con otros y abrazando a los más vulnerables entre nosotros" (earthday.org).

Imagen 13: Papa Francisco

30.04.2020
LA CARRERA DE LA VACUNA EXPLICADA

Producir una vacuna eficaz puede ser un desafío, llevar mucho tiempo y ser controvertido. La pandemia pareció agravar todo esto. Bill Gates ha estado involucrado en tratar de ayudar a las personas a comprender el proceso. En su blog GatesNotes, analiza los procesos y el tiempo necesario para producir una vacuna ("La carrera de la vacuna, explicada"). Él escribió: "Aunque dieciocho meses puede parecer mucho tiempo, este sería el tiempo más rápido que los científicos han creado para crear una nueva vacuna. El desarrollo suele tardar unos cinco años. Una vez que elija una enfermedad para enfocarse, debe crear la vacuna y probarla en animales. Luego, comienza a realizar pruebas de seguridad y eficacia en humanos ". En otras palabras, qué tan bien le protege la vacuna.

Todos queremos vacunas seguras y, por supuesto, queremos que sean eficaces. Pero incluso con las vacunas actuales que se administran de forma segura a millones de personas, la eficacia no es del 100%. Según Gates, la vacuna contra la gripe tiene solo un 45 por ciento de efectividad. Por lo tanto, es fundamental seguir un proceso probado, esencial para garantizar los mejores resultados de seguridad y eficacia posibles. Según GatesNotes, el proceso es el siguiente

1. **La fase uno** es la prueba de seguridad en la que un pequeño grupo de voluntarios sanos recibe la vacuna. Administran diferentes dosis para encontrar la que mejor funcione.
2. **La fase dos** le dice qué tan bien funcionó la vacuna con un pequeño grupo de voluntarios. Si es efectiva, cientos de personas reciben la vacuna (personas de diferentes edades y estados de salud).
3. **La fase tres** se da a miles de personas, esperando ver si reduce la cantidad de personas que se enferman. Esta fase lleva más tiempo que las otras fases.

Una vez que se demuestra que la vacuna funciona, se envía a la OMS y otras agencias gubernamentales para su aprobación y comienza la producción en masa de la vacuna. Gates dijo: "Entonces, para acelerar el proceso, los desarrolladores de vacunas están reduciendo la línea de tiempo".

El artículo menciona que, al 9 de abril, 115 diferentes vacunas candidatas están en proceso de desarrollo. Él piensa que 8 o 10 de ellos parecen prometedores. Me encantó leer este artículo, ya que me dio un poco de esperanza. Tenía un nuevo aprecio por todos los científicos del mundo que están trabajando en este esfuerzo.

CAPÍTULO IX

La Reacción de Nueva York

Creo que es importante cubrir cómo reaccionó el estado estadounidense de Nueva York a la pandemia. Es importante porque es un buen mensaje a los líderes del mundo que nunca es demasiado tarde enfrentar un cambio aun cuando el cambio es increíblemente devastador. El gobernador del estado, Andrew Cuomo, ejemplifica a un líder que asumió la responsabilidad a través de la adversidad.

La ironía de esto es que semanas antes de ser golpeados por el virus, Nueva York tenía a China, Italia, España y otros países como ejemplos de lo que podría pasarles. Tenia mas que suficiente tiempo para Stop, Prepare y Actué. Pero el gobernador Cuomo no creó urgencia, al menos inicialmente. Según el New York Times, dijo: "Disculpen nuestra arrogancia como neoyorquinos - hablo también en nombre del alcalde en este caso - creemos que tenemos el mejor sistema de atención médica del planeta aquí mismo en Nueva York. Entonces, cuando dices lo que sucedió en otros países frente a lo que sucedió aquí, ni siquiera pensamos que será tan malo como en otros países ".

Imagen 14: Andrew Cuomo

Ahora sabemos que Nueva York no estaba preparado. De hecho, estaba peligrosamente mal preparado. Incluso con varios casos ya confirmados, no se implementaron cierres. Las pruebas eran dudosas y no había un mandato para los protocolos de distanciamiento social.

En mi opinión, ningún líder estadounidense, ni siquiera los expertos médicos, creó la urgencia necesaria para efectuar el cambio. El gobernador Cuomo podría haber tomado decisiones críticas antes, evitando así la propagación innecesaria del virus. Por ejemplo, no fue hasta finales de marzo que la ciudad de Nueva York cerró la mayoría de los trenes subterráneos y el transporte público, una latencia de más de 20 días después de que apareció el primer caso en la ciudad de Nueva York. Ese error por sí solo permitió que el virus se propagara rápidamente por toda Nueva York, infectando y, en muchos casos, provocando la muerte de cientos de personas.

Hubo imágenes iguales que los de China, Italia y España; el virus se estaba extendiendo como la pólvora. Una vez más, la noticia mostraría los hospitales a pleno rendimiento. Los médicos y enfermeras rogando por mas suministros.

Excavación de fosas comunes en Hart Island, Nueva York, aumentó rápidamente y los cadáveres tuvieron que almacenarse en contenedores, algunos sin refrigeración. El 14 de marzo, Nueva York informó de su primera muerte por COVID 19. Para el 30 de abril, el número de fallecidos era de 23.780 mil. Fue increíblemente triste de ver.

Imagen 15: Contenedores para cuerpos

GOBERNADOR CUOMO UTILIZANDO *STOP, PREPARE, ACTÚE*

Todas las mañanas, veía al gobernador Cuomo entrar en una sala considerable llena de periodistas. Tenía una actitud tranquila y segura de sí mismo. Un poco demasiado tranquilo para mi gusto. Sin embargo, mostró un gran coraje y liderazgo al enfrentar la situación de guerra en la que se encontraban. Nunca culpó a los demás, pero lo más importante es que detuvo (Stop) todo lo que era el status quo. Esto señaló que se necesitaba manejar un cambio. Comunicó su situación actual usando presentaciones de PowerPoint diariamente. Explicó lo que sucedería si continuaban en la dirección actual y lo que sucedería si pudieran aplanar la curva. Él (preparó); comunicó una estrategia. Explicó lo que debía suceder a continuación y los planes para llevarlo a cabo.

Respondió preguntas de los medios. Transmitió un mensaje coherente, lideró el cambio en lugar de reaccionar ante él y pudo (actuar) para implementar su plan.

Gracias a su liderazgo, a mediados de junio, Nueva York se había convertido en uno de los estados y ciudades más seguros de Estados Unidos en términos de impacto. Si bien la mayor parte del país se estaba contagiando dramáticamente, Nueva York había aplanado la curva. Este es un ejemplo sobresaliente de que nunca es demasiado tarde para gestionar el cambio, incluso si parece imposible.

CAPÍTULO X

Abril - #Libera

Cuando hablamos de cambio, en realidad estamos hablando de dos temas. Uno es el evento que está sucediendo que requiere una analices; en otras palabras, el cambio a afrontar. El segundo, por supuesto, es el comportamiento o comportamientos relacionados con el cambio que adoptamos para mitigar, avanzar o de alguna manera lidiar con el cambio. En contraste con las acciones tomadas por el gobernador Cuomo de Nueva York, el presidente Trump decidió no liderar el cambio fundamental (la pandemia), que se acercaba. Detener la propagación debería haber sido primordial, pero esta no era una prioridad para el. Citando niveles desiguales de casos en varios estados, Trump se negó a emitir una orden de quedarse en casa que se aplicaría a todos, y esa decisión por sí sola tuvo graves ramificaciones.

Trump decidió promover un cambio diferente, el de reabrir la economía lo mas pronto posible. Para el 1 de abril, estaba presionando muchos estados en abrir su economía sin importancia a protocolos. Desde el punto de vista de la gestión del cambio, hizo un gran trabajo creando urgencia y comunicando a los ciudadanos estadounidenses sobre el cambio que quería, la apertura. Pero su decisión fue desastrosa. De hecho, lo que debería haber sido administrado por el gobierno federal ... el equipo para detener la propagación del virus ... no parecía estar en su radar en absoluto. A principios de abril, la disponibilidad de ventiladores, máscaras protectoras y kits de prueba se había convertido en un problema masivo en Nueva York y en muchos otros estados del país. En lugar de dejar de lado el capitalismo y la política y enfocarse en frenar el brote por el bien del país. El presidente Trump tomó una imprudente decisión de omisión que resultó en una guerra de negociaciones entre los estados para obtener ventiladores y equipos de salud que tanto se necesitaba. Pudo haber utilizado la Ley de Producción de Defensa para obligar a las industrias a ayudar con la construcción de ventiladores, máscaras y otros suministros que se necesitaban con urgencia en todo el país. Pero no lo hizo. Para obtener estos equipos esenciales, los estados se enfrentaron entre sí.

La demanda era alta. Solo Nueva York tuvo alrededor de 76.000 mil casos y 1.550 muertes. Gobernadores, alcaldes y otros líderes desesperadamente apresuraban ayudar a su gente. Estábamos presenciando el capitalismo en su peor momento, un resultado involuntario de una negligencia imprudente por la gestión del presidente durante una pandemia nacional y global. El gobernador Cuomo dijo: "Ahora, literalmente, una empresa lo llamará y le dirá:" Bueno, California acaba de superar su oferta para ventiladores. Es como estar en eBay, con otros 50 estados compitiendo para salvar vidas". Solo la ciudad de Nueva York pedía 30.000 ventiladores. Este tipo de demandas hizo que los precios de equipos tan vitales se dispararan. Como resultado, los estados con buenos recursos pudieron comprar lo que necesitaban, mientras que los estados más pobres recibieron muy poco. Capitalizar y obtener ganancias durante una emergencia nacional fue un nuevo bajo para los EE. UU. Y para el mundo entero. Y la gente pagó el precio. Algunos con sus vidas, lo cual es inconcebible. Y el resto de nosotros

... con tener que recordar la codicia, imprudencia y falta de compasión por parte de los que están en el poder en tiempos de angustia.

01.04.2020
MICHIGAN ALCANZA 3ER LUGAR

El primer caso de Michigan apareció el 10 de marzo, con la primera muerte nueve días después. Recuerdo que me sorprendió el poco tiempo entre el primer caso y la primera muerte. Ya para el 19 de marzo tenían 324 casos. Doce días después aumento a 7,615 casos y 259 muertes, y así es como Michigan llego a tercer puesto en el país.

Me preocupé por mis padres porque ambos tienen más de 70 años. Afortunadamente, ninguno de ellos tiene problemas respiratorios y no viven cerca de lo que entonces era el epicentro, Detroit. Sin embargo, tengo una tía, un tío y primos en esa zona. Cuando los llamé para ver cómo estaban, dijeron que la gente se estaba enfermando y muriendo por todos lados. Les dije que por favor se cuidaran; no había mucho más que pudiera hacer.

Me pregunté por qué había explotado el virus en Michigan, no en Chicago, donde hay más población, más tráfico peatonal y viajeros. Hice una pequeña investigación. Según el Dr. Joneigh Khaldun, director médico ejecutivo de Michigan: "Un factor fue el aumento de las pruebas en comparación con otros lugares. Cuando Michigan confirmó sus primeros casos el 10 de marzo, el estado tenía solo 300 kits de prueba y la Oficina de Laboratorios del Estado estaba procesando todas las pruebas. Pronto probarían cientos más. Pero los números de casos aumentaron no solo porque administraban mas pruebas".

La Dra. Teena Chopra, especialista en enfermedades infecciosas del Detroit Medical Center, dijo en CNN, "... la alta tasa de pobreza en Detroit y en algunas de las comunidades circundantes significa que es menos probable que las personas busquen atención médica a menos que estén muy enfermas". El Dr. Paul Kilgore, médico y epidemiólogo de la Universidad Estatal de Wayne del área de Detroit, dijo: "Esa alta tasa de pobreza también significa que las personas pueden no haber escuchado sobre la orden estatal de quedarse en casa o las pautas de distanciamiento social o pueden ser menos en condiciones de adherirse a ellos ".

02.04.2020
El DESGLOSE RACIAL DE COVID-19

El 2 de abril, el Departamento de Salud y Servicios Humanos de Michigan comenzó a publicar datos oficiales que muestran el desglose racial de casos y muertes. Sería revelador para el mundo que el virus no afectara a todos por igual. Los datos mostraron que, aunque solo el 14% de la población de Michigan es negra, el 33% de los casos y el 41% de las muertes ocurrieron en la comunidad negra.

En las próximas semanas saldrán más datos de otras partes del país. Se hizo evidente que la pandemia no estaba afectando a todos por igual. Afectaba a las minorías en las comunidades pobres donde faltaba atención médica o donde era difícil acceder a información precisa. Esta brecha de acceso es un problema socioeconómico no solo en los EE. UU., Sino en todo el mundo.

El 10 de abril, el presidente Trump dijo durante la sesión informativa del coronavirus que no sentía la necesidad de realizar pruebas exhaustivas para reabrir la economía estadounidense. En respuesta, el gobernador Cuomo declaró que no abriría la economía de Nueva York a menos que "comencemos a hacer pruebas a gran escala o de lo contrario tendremos una recaída y otro pico". Este argumento sobre cómo y cuándo abrir la economía provocaría una división nacional de opiniones, políticas y cumplimiento en los Estados Unidos en los próximos meses.

16.04.2020
#LIBERA MICHIGAN

Una vez más, me desperté con un tweet que me envió un amigo. Decía, "Michigan Proud Boys, organizaron un bloqueo de la intersección en un semáforo en verde afuera del Hospital Sparrow. Un médico salió a rogarles que dejaran pasar las ambulancias ". Había una foto del médico en medio del bloqueo de vehículos. No podía creer lo que estaba leyendo. Investigué un poco más, y de hecho era cierto. Menos de un mes después de que la gobernadora de Michigan, Gretchen Whitmer cerrara todo el estado, miles de personas protestaban en la capital, Lansing, un lugar que conozco bien. Cuando era niño, andaba en bicicleta por esta ciudad. También tengo amigos y familiares en esa zona. Me avergonzó mucho ver lo que estaba sucediendo allí.

Imagen 16: Protestas en Michigan

Salieron imágenes que eran difíciles de ver: los manifestantes sin distanciamiento social, exigiendo que la gobernadora demócrata Gretchen Whitmer ponga fin a sus estrictas órdenes de quedarse en casa porque restringe su libertad. Vi a manifestantes enojados con banderas confederadas (un símbolo de ir en contra la libertad de los esclavos) en las ventanas de sus autos y gritaban "enciérrenla". Muchos también andaban pistolas y hasta ametralladoras. Un bloqueo de tráfico se extendió por millas. Recuerdo haber visto a un hombre quejándose de no poder comprar alpiste y a una mujer quejándose de no poder ir a la peluquería.

Según dailymail.co.uk, el gobernador de Michigan criticó a los manifestantes por arriesgarse a sí mismos y a otros al participar en la protesta tocándose unos a otros, repartiendo comida sin mascaras y bloqueando una ambulancia. También dijo, "era irónico que un grupo que se manifestaba en contra de su orden de quedarse en casa pudiera haber creado una razón para alargarla".

17.04.2020
TRUMP RETUITEA

A la mañana siguiente, el 17 de abril, el presidente Trump re-tuiteó "#LiberaMinnesota", seguido de otro tweet, "#LiberaMichigan", y luego "#LiberaVirginia". Estaba incitando a los manifestantes en estos estados y minimizando los protocolos de seguridad como distanciamiento social y el uso de mascaras de su administración. Una vez más, estaba anteponiendo su agenda política a la salud del pueblo estadounidense y tuvo un efecto. En los días siguientes, veríamos a cientos de manifestantes en varios estados de los Estados Unidos.

Parte de mi entendió su frustración y la necesidad de tener ingresos; Vivía en la misma situación. También entiendo que las economías deben reconstruirse. Sin embargo, existe una forma segura de hacer las cosas y requiere un sacrificio a corto plazo por parte de todos. Es difícil comprender por qué esto es tan difícil para algunas personas aceptar. Tal vez sea la parte de "corto plazo". Tal vez sea el "sacrificio" lo que es simplemente un anatema. Pero los resultados son claros. No usar mascaras y negarse a distanciarse socialmente pone en juego su seguridad y la seguridad de los demás. Y hay mucho que perder si se abre una economía de forma prematura y desordenada.

18/04/2020
JUNTOS EN CONCIERTO EN CASA

El 17 de abril, la República de Irlanda cuadruplicó su contribución a la Organización Mundial de la Salud (OMS), en respuesta a la retirada de la administración Trump de la OMS. Al día siguiente, la protesta obtuvo un destacado apoyo internacional cuando Lady Gaga organizó el concierto "Juntos En Casa" para el alivio de la pandemia. Artistas de renombre mundial como Paul McCartney, Rolling Stones, Stevie Wonder y John Legend se unieron para entretener al mundo y ayudar a recaudar más de 128 millones de dólares, una fuerte muestra de apoyo mundial.

30/04/2020
LOS SOCIALMENTE IRRESPONSIBLES REGRESAN

Para el 30 de abril, las protestas habían aumentado en todo los Estados Unidos, algunas a favor y otras en contra de las reglas y restricciones que se estaban imponiendo para prevenir la propagación del virus. Tan pronto como se pusieron en práctica los protocolos de seguridad, algunos los rompieron y otros los defendieron. Un ejemplo fue California, donde el gobernador Gavin Newsom había relajado las restricciones a las playas y parques, pero con requisitos de distanciamiento social. La gente rompió los protocolos casi de inmediato y se llenaron las playas, Newsom tuvo que cerrarlos nuevamente.

Michigan también volvió a ser noticia, mostrando a miles de manifestantes en el Capitolio en Lansing. Algunos con banderas confederadas, esvásticas, sogas y armas de fuego. La gobernadora Gretchen Whitmer respondió en CNN:

"Parte de la indignación de lo que sucedió en nuestro Capitolio representó algunos de los peores racismos y partes horribles de nuestra historia en este país ..." Ellos protestaban porque no querían que se extendieran las restricciones, del 30 de abril al 28 de mayo.

En medio de esto, el presidente Trump tuiteó: "El gobernador de Michigan debería ceder un poco y apagar el fuego. Son muy buenas personas, pero están enojadas. ¡Quieren que les devuelvan la vida, de manera segura! Míralos, hable con ellos". Para mí, los comentarios de Trump fueron en la misma línea que los que hizo sobre los manifestantes con cargos raciales en Charlottesville, Virginia. Cuando un automóvil se estrelló contra una multitud que protestaba por el nacionalismo blanco. Refiriéndose a quienes apoyan una agenda nacionalista, el presidente Trump dijo entonces: "Pero no todas esas personas eran neonazis, créanme. No todas esas personas eran supremacistas blancos, de ninguna manera. Esas personas también estaban allí porque querían protestar por el derribo de una estatua de Robert E. Lee ". Trump de nuevo estaba indirectamente encendiendo racismo y violencia en las personas.

Horas antes de que expirara el estado de emergencia el 30 de abril, el gobernador Whitmer de Michigan firmó una serie de órdenes ejecutivas en un intento de reducir la propagación del virus. Ella dijo: "... en algunos condados del oeste y norte de Michigan, los casos se duplican cada seis días o más rápido". "Al negarse a extender la declaración de emergencia y desastre, los legisladores republicanos están poniendo la cabeza en la arena y poniendo en riesgo más vidas y medios de subsistencia. No voy a permitir que eso suceda". Para mí, la gobernadora Gretchen Whitmer es una líder genuina que no se echó atrás ni siquiera cuando su vida estaba en peligro. Sus acciones fueron de importancia crítica.

Nota personal: Como mencioné antes, viví en Michigan durante un tiempo en mi juventud. Fui a la escuela secundaria allí y todavía tengo amigos y familiares. Como la mayoría de los lugares en los EE. UU., Michigan está formado por personas que representan muchas nacionalidades diferentes y muchos tipos de creencias. Puedo decir por experiencia que estos manifestantes no son la norma en Michigan. El Estado tiene 10 millones de personas y estos manifestantes son solo unos miles de persones. Son notables porque representan el extremo. Pero hay millones de personas que apuntan a un nivel razonable. Para darte un ejemplo personal, mi dulce madrastra, de un pequeño pueblo de Michigan, había estado cociendo máscaras protectoras a mano y donándolas a hospitales, amigos y familiares durante semanas. Dijo que seguiría haciéndolo hasta que le digan que ya no los necesitan. Incluso nos envió algunos a mi familia aquí en Costa Rica.

CAPÍTULO XI

Abril – Dr. Anthony Fauci

Imagen 17: Dr. Fauci

El Dr. Anthony Fauci es posiblemente el inmunólogo más destacado de los Estados Unidos. Como tal, fue nombrado por el presidente Trump para el Equipo Contra el Coronavirus de la Casa Blanca. Desde el principio, hubo mensajes discrepantes y confusos para el público provenientes del presidente Trump versus su Equipo Contra el Coronavirus, que en realidad deberían haber estado en la misma pagina durante toda la pandemia. Fue un baile cuidadoso en el que participaron los expertos del equipo, tratando de presentar información basada en la ciencia sin contradecir abiertamente las declaraciones provenientes de la Administración Trump. A mediados de abril, el Dr. Fauci comenzó a hacer declaraciones más directas, más directivas y más cautelosas que las de meses anteriores. Fue una señal esperanzadora. Desde el punto de vista de la gestión del cambio, creo que le hubiera gustado que el país practicara *stop, preparare y actúe* antes de una segunda ola. Desafortunadamente, sus recomendaciones fueron eclipsadas por el impulso del presidente Trump para reabrir la economía. Quería abrir inexplicablemente para el Domingo de Pascua (12 de abril). En este día, los EE. UU. habían informado más de medio millón de casos, 527,175 para ser exactos, y había 20,473 muertes. Ambos números lideraron el mundo, superando incluso a Italia. En una declaración cuidadosamente redactada que señaló una refutación a la apertura para el 12 de abril, el Dr. Fauci dijo: "... hay una buena posibilidad de que haya partes de los EE. UU. que vuelvan a la normalidad en mayo. No es una talla única para todos ". Dr. Fauci indirectamente y públicamente estaba sugiriendo que esperara hasta mayo para la reapertura.

12.04.2020
FAUCI INTERVIEW WITH CNN

El 12 de abril, el Dr. Fauci se sentó para una entrevista con el conocido periodista de televisión Jake Tapper. Tratando de averiguar la razón de números de casos tan discrepantes en varias partes del mundo, Tapper preguntó: "Corea del Sur y Estados Unidos confirmaron su primer caso casi al mismo tiempo. Si miras ahora, Estados Unidos tiene 50 mil casos más y casi 100 mil muertes más ... ¿es porque empezamos demasiado tarde en Estados Unidos? ", Respondió Fauci:" No es tan simple como eso, pero donde estamos ahora es por una serie de factores, el tamaño del país ... Es un poco injusto comparar los EE. UU. con Corea del Sur, donde tuvieron un brote en Daegu, y tenían la capacidad de apagarlo por completo de inmediato, de una manera que no hemos podido hacer en este país. Así que obviamente, hubiera sido bueno si tuviéramos una mejor ventaja, pero no creo que puedas decir que estamos donde estamos ahora por un factor ". Tapper: "Expertos como usted y otros altos funcionarios querían que el presidente Trump recomendara pautas de distanciamiento social y físico desde la tercera semana de febrero, pero la administración no anunció estas pautas hasta el 16 de marzo, casi un mes después. ¿Por qué?" Fauci dijo, "lo vemos desde un punto de vista de salud, hacemos una recomendación, a menudo se toma la recomendación, a veces no. Es lo que es. Estamos donde estamos ahora ".

El periodista luego le preguntó directamente: "¿Crees que se podrían haber salvado vidas si el distanciamiento social y las medidas de quedarse en casa hubieran comenzado la tercera semana de febrero versus mediados de marzo?" Fauci: "Sabes, Jake, 'lo que hubiera pasado', el 'lo que podría haber pasado', es muy difícil volver atrás y decir eso, quiero decir que lógicamente podrías decir que si tuvieras un proceso en curso y comenzaras la mitigación antes, podría haber salvado vidas. Obviamente, nadie lo va a negar. Pero lo que implica ese tipo de decisiones es complicado, pero tienes razón. Si hubiéramos cerrado todo desde el principio, podría haber sido un poco diferente, pero hubo muchos rechazos sobre el cierre de las cosas ". Horas más tarde, el presidente Trump re-tuiteó "#DespidaaFauci".

Al día siguiente, durante la rueda de prensa de la Casa Blanca, el Dr. Fauci trató de aclarar lo que había querido decir en la entrevista de Tapper. Obviamente, se encontraba en una posición incómoda, no podía proporcionar información precisa a los ciudadanos estadounidenses sin asumir el riesgo de ser despedido. La misma rueda de prensa vimos una creciente presión de los medios de comunicación para que el presidente Trump explicara el mes perdido de febrero, un mes importante de inacción federal en términos de preparación para el brote. En medio de la rueda de prensa de la Casa Blanca sucedió algo sin precedentes. El presidente Trump pidió que bajaran las luces. Durante los siguientes minutos, reporteros, ciudadanos estadounidenses y personas por todo el mundo vio un video promocional de Fox News del presidente. Parecía inapropiadamente político, algo que se ve en países con dictadores, un video 100% enfocado en poniendo en alto al presidente. Lo hizo en un momento en que el país independientemente de su política, necesitaban una respuesta integral e inclusiva a la amenaza de la pandemia, un plan eficaz que se aplicara a todos.

19.04.2020
DIRECTRICES DE LOS EXPERTOS PARA REABRIR

Me complació ver algunas acciones de Gestión del Cambio provenientes de la Casa Blanca. Al principio, solo había reacciones desesperada y reactiva a la pandemia. Con el establecimiento del Equipo Contra el Coronavirus de la Casa Blanca, se establecieron las pautas para una respuesta proactiva y, a través de este documento, el Dr. Fauci y los otros científicos proporcionaron un plan para prepararse para la reapertura de la economía estadounidense.

El primer paso y el más crucial en el plan de cuatro pasos es cumplir con todos los Criterios de marcha, un requisito antes de pasar a las Fases 1, 2 y 3 de las directrices:

Síntomas de los criterios de marcha:
- La trayectoria descendente de enfermedades similares a la influenza (ETI) notificadas en 14 días.
- La trayectoria descendente de los casos de síntomas similares al virus notificado en 14 días.

Casos de criterios de marcha:
- La trayectoria descendente de casos documentados dentro de los 14 días o una trayectoria descendente de

pruebas positivas como porcentaje del total de pruebas dentro de los 14 días.

Hospitales de criterios de marcha:
• Trate a todos los pacientes sin atención de crisis.
• Se ha implementado un sólido programa de pruebas para los trabajadores de la salud, incluidas las pruebas de anticuerpos emergentes.

Los Criterios fueron esenciales para ayudar a los estados saber cuándo y cómo gestionar sus planes de reapertura. Por ejemplo, el estado de Georgia había planeado abrir su economía el 24 de abril. Sin embargo, en ese momento, estaban reportando más de 18,000 casos confirmados y cerca de 700 muertes. No hubo una "trayectoria descendente" (según los Criterios de las Directrices) de los síntomas del virus ni hubo una trayectoria descendente de casos y muertes. Todos los números estaban subiendo. Además, el Estado planeaba abrir gimnasios, peluquerías, salones de masajes y lugares de tatuajes, plan que estaba en conflicto con los criterios de la Fase 1, ya que todos estos negocios requieren un contacto físico directo entre el empleado y el cliente.

Además de las directrices hubo otras fuentes de orientación para los estados. Los expertos citaron modelos clave que muestran que, no solo Georgia, sino otros 11 estados deberían esperar hasta al menos el 8 de junio para reabrir. Además de esa advertencia, un estudio de Harvard del 20 de abril explicó que los niveles de prueba de Covid-19 actuales no eran en absoluto suficientes; de hecho, las pruebas debían triplicarse antes de que el país pudiera abrirse con seguridad.

20/04/2020
DR. FAUCI ADVIERTE A LOS ESTADOS UNIDOS

En el programa de Good Morning America de ABC, el Dr. Fauci hizo una advertencia clara: "A menos que tengamos el virus bajo control, la verdadera recuperación económica no va a suceder". "Entonces, si no sigues las recomendaciones y entras en una situación en la que tienes un gran pico, vas a retroceder". Fauci dijo que, aunque es doloroso seguir las pautas de una reapertura gradual en fases, moverse demasiado rápido y evitar las restricciones será contraproducente. Ese es el problema.

Como si no entendiera la gravedad de la situación y la necesidad de una respuesta inteligente, gradual y desarrollada a la pandemia, el presidente Trump mas bien apoyo a quienes hacían alarde de las directrices y no las cumplían, diciendo que algunos gobernadores "han ido demasiado lejos" en imponer restricciones.

23.04.2020
MENTIRAS SOBRE LYSOL

Mientras el Dr. Fauci advirtió a la gente sobre la apertura, el presidente Trump estaba discutiendo alternativas para tratar el virus. En una conferencia de prensa del 23 de abril, el presidente Trump parecía estar hablando con la Dra. Deborah Birx, una experta del Equipo Contra el Coronavirus que estaba sentada cerca de él. Trump: "Entonces, supongamos que le damos al cuerpo con un tremendo, ya sea ultravioleta o simplemente luz potente, y creo que dijiste que no se había verificado, pero lo vas a probar. Suponiendo que llevaras la luz al interior del cuerpo, lo que puedes hacer a través de la piel o de otra manera. Y creo que dijiste que también lo vas a probar. Suena interesante. Y luego veo el desinfectante, donde lo elimina en un minuto, un minuto. ¿Y hay alguna manera de que podamos hacer algo así? ¿Inyectándolo por dentro o casi una limpieza? Como ve, entra en los pulmones y hace un gran número en los pulmones, sería interesante comprobarlo. Me parece interesante. Entonces, veremos, pero todo el concepto de la luz, la forma en que la mata en un minuto. Eso es bastante poderoso ".

En una secuela increíblemente inmediata y caótica, cientos de ciudadanos estadounidenses llamaron a sus gobernadores y otros funcionarios estatales para preguntar si era seguro beber o inyectar desinfectante como cura para el virus. La reacción de la industria a la confusión y el caos fue necesariamente rápida. Dejando pocas dudas de que las declaraciones del presidente fueron absurdas, peligrosas e irracionales, Reckitt Benckiser, la empresa matriz de los desinfectantes Lysol y Dettol, emitió un comunicado: "Como líder mundial en productos de salud e higiene, debemos tener claro que bajo ninguna circunstancia nuestros productos desinfectantes deben administrarse en el cuerpo humano (mediante inyección, ingestión o cualquier otra vía)." "Como con todos los productos, nuestros productos desinfectantes e higiénicos solo deben usarse según lo previsto y de acuerdo con las pautas de uso. Lea la etiqueta y la información de seguridad ".

29.04.2020
REMDESIVIR

Unos días después, el Dr. Fauci informó que los primeros estudios habían demostrado que un medicamento llamado Remdesivir podía bloquear los efectos del virus. Remdesivir se desarrolló originalmente para tratar el virus del Ébola y Marburg. El medicamento bloquea una enzima que el virus necesita para sobrevivir, lo que acorta el tiempo de recuperación de los pacientes. Según Fauci, la tasa de mortalidad también mostró una mejor tendencia con Remdisivir. Enfatizó que es un posible tratamiento, no una vacuna. De cualquier manera, fue una noticia importante porque la tasa de mortalidad por el virus era escalofriante. Más ciudadanos estadounidenses habían muerto en tres meses por el virus que en los 16 años de la guerra de Vietnam. Más de 58.000 estadounidenses habían muerto en este momento.

30.04.2020
DR. FAUCI NOS ADVIERTE DE NUEVO

El 30 de abril, CNN entrevistó al Dr. Fauci sobre los 31 estados que estaban en proceso de reapertura. "La preocupación que tengo es que algunos estados están saltando el primer punto de control". Se refería a los criterios de marcha de las directrices, el primer punto de control que requirió es 14 días de disminución de casos, muertes y síntomas. Esperaba que los Estados Unidos no cometiera el mismo error dos veces al poner la economía sobre la ciencia durante una pandemia incontenida, pero desafortunadamente, lo hicieron.

Para el 30 de abril, treinta y un estados estaban reabriendo parcialmente. Ninguno de estos estados había cumplido con los criterios de marcha ni con la Fase 1 de las pautas de los expertos. En este día, la Universidad Johns Hopkins informó que Estados Unidos había alcanzado más de 1 millón de casos, de un total de 3 millones a nivel mundial. Con menos del 5% de la población mundial, los Estados Unidos representaron un tercio de las infecciones.

CAPÍTULO XII

Abril – Economía, Ciencia y Fallecidos

Horribles noticias de Guayaquil, Ecuador (población aproximada de 3 millones) se extendieron por América Latina durante el mes de abril. Los hospitales se abarrotaron hasta el punto de que las ambulancias, los bomberos y la policía dejaron de recoger a los enfermos y muertos. Había imágenes de médicos y enfermeras(os), que también se estaban infectando y muriendo, algunos escribiendo cartas de despedida a sus familias. Para la segunda semana de abril, había 6700 fallecidos en Guayaquil; más de 300 cadáveres habían quedado en sus casas durante varios días. Las imágenes de los medios mostraron cadáveres en las calles. Las familias tenían que envolver los cuerpos de sus seres queridos en cualquier material que tuvieran y simplemente dejarlos en las calles. Finalmente, las empresas privadas comenzaron a distribuir ataúdes de cartón. Se cavaron fosas comunes en parques públicos. Fue desgarrador verlo en las noticias.

Imágenes inolvidables; la gente se estaba derrumbando. Recuerdo especialmente un segmento de noticias que mostraba a un hombre mayor y corpulento, vendiendo boletos de lotería en un banco, de repente cayendo al suelo.

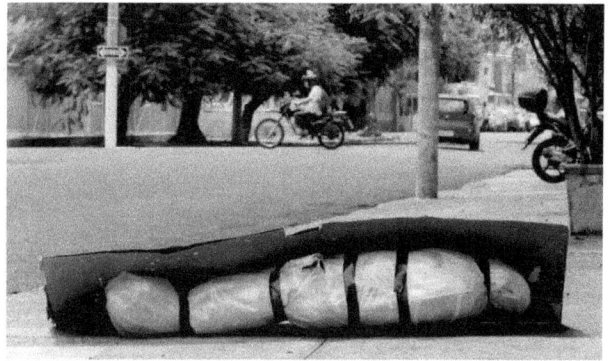

Imagen 18: Cuerpo en la calle en Guayaquil

El periodista ecuatoriano rompió el llanto en medio de la transmisión, suplicando a la gente que se quedara en casa. Yo también llore esa noche. Al día siguiente salieron imágenes similares de fosas comunes en Brasil, otro país que había negado la gravedad de la pandemia. Solo podía pensar en la bomba de tiempo en nuestro vecino al norte, Nicaragua.

CIENCIA V. ECONOMIA

Este era el dilema al que se enfrentaban los países cuando comenzó la pandemia, y aun estaba en curso. Algunos países no les importo a los hechos y datos científicos y quedaron gravemente devastados hasta el punto de que pararon toda su economía. Algunos países respetaron la ciencia y utilizaron los datos como guía para prepararse estrictamente al cambio que se avecinaba. Como resultado, esos países, Costa Rica entre ellos, pudieron evitar cierres económicos completos, manteniendo en funcionamiento algunos sectores de negocios e industria, pero nunca cerraron completamente.

Sin embargo, a mediados de abril, parecía que el mundo estaba nuevamente en la calma antes de la tormenta, ya que se acercaba una probable segunda ola. Al igual que antes, nos enfrentábamos a la misma decisión, economía luego ciencia o ciencia luego economía. La última vez, no funcionó muy bien para aquellos que priorizaron la economía sobre la ciencia. Los países que se adhirieron a las directivas y datos basados en la ciencia obtuvieron mejores resultados económicos y también en la cantidad de fallecidos.

Alemania, por ejemplo, había adoptado un enfoque científico desde el principio, lo que no es una sorpresa ya que la canciller Angela Merkel es una científica entrenada. Su postura era que Alemania debería hacer todo lo posible para frenar la propagación, ganando así tiempo para desarrollar una vacuna y para que las personas desarrollen inmunidad y permitir que el sistema de salud desarrolle su capacidad, evitando así que se abrume. Merkel también buscó el consejo de sus expertos, como el Dr. Lothar Wielder. Según el New York Times en marzo, Wielder explicó las ventajas de permitir que la capacidad se desarrolle: "Pero cada uno de nosotros puede darse cuenta de que cuanto más demore, mejor. Por un lado, porque entonces aumenta la posibilidad de que una vacuna esté disponible y, por otro lado, porque existe la posibilidad de que haya tratamientos disponibles".

Suecia, por otro lado, había priorizado su economía y dependió de su sistema de salud para manejar sus casos. Abordaron la pandemia con una filosofía de "inmunidad colectiva" desde el principio, dejando que sus ciudadanos determinaran sus propias acciones y consiguientes riesgos de infectarse. Restaurantes, bares, peluquerías, todos estaban abiertos. Por otro lado, y con un enfoque diferente, Portugal, cuya población es similar a la de Suecia, tomó medidas para declarar el estado de emergencia tan pronto como notificó la primera muerte. Suecia nunca declaró un estado de emergencia.

Tanto Suecia como Portugal tuvieron aproximadamente el mismo tiempo para prepararse y reaccionar ante la pandemia;

de hecho, Portugal tuvo menos tiempo al estar más cerca de Italia y España. Para el 30 de abril:

Portugal
Población 10 millones
25 mil casos
989 muertes

Suecia
Población 10 millones
21 mil casos
2.586 Muertes

El Mercury Times le preguntó al epidemiólogo estatal sueco, Anders Tegnell, si el número de muertos habría sido menor si Suecia hubiera seguido el mismo camino que otros países europeos al introducir restricciones estrictas. Tegnell respondió: "Esa es una pregunta muy difícil de responder en esta etapa. Al menos el 50% de nuestro número de muertos se encuentra en los hogares de ancianos, y nos cuesta entender cómo un cierre de seguridad detendría la introducción de la enfermedad en los hogares de ancianos". Esto fue una sorpresa para mí porque era una forma muy incierta de reaccionar ante una pandemia.

Adultos Mayores

Imagen 19: Campaña para los Adultos Mayores

Debemos proteger a los adultos mayores y respetarlos por su conocimiento y por sus esfuerzos que hicieron para las generaciones futuras. La pérdida de tantos ancianos durante esta pandemia ha sido trágica. La población de los adultos mayores no escapo de ser tocada por el virus. Hemos visto un alto número de muertes entre este grupo demográfico y por todo el mundo. Pero Costa Rica fue una historia diferente: un ejemplo de resultados positivos a través de sus esfuerzos basados en la ciencia para contener y controlar la pandemia. El 3 de mayo, el periódico El Observador informó que más de la mitad de los ancianos infectados en Costa Rica (mayores de 65 años) habían sobrevivido. Todos habían sido examinados por COVID-19 dos veces, con un tiempo de espera de 24 horas entre cada prueba antes de ser dados de alta. El superviviente de mayor edad tenía 86 años.

CAPÍTULO XIII

Califique Su Luz De Tráfico

Para el 30 de abril, hubo muchos cambios inquietantes sobre la pandemia. Aquí hay algunos de Costa Rica y Estados Unidos.

Costa Rica:
- Nuestro vecino al norte Nicaragua, tenía un aumento de contagiados bastante importante. ¿Estábamos preparados para atender estos casos de COVID-19 entrando a nuestro país?
- Nuestra economía se había congelado. ¿Cómo reabriríamos de forma segura?
- Estábamos maximizando rápidamente nuestro Seguro Social. ¿Cómo mitigaríamos esta realidad?
- Un gran número de nuestras pequeñas y medianas empresas habían quebrado. ¿Los ayudaría el gobierno?
- Las camas de hospital y los suministros eran limitados. ¿Teníamos un plan de suministros para una segunda y tercera ola?
- El distanciamiento social y el uso de máscaras todavía no eran la norma. ¿El gobierno

impondrá reglas de distanciamiento social y el uso de máscaras?

- Pruebas necesarias para saber cuantos casos tenia nuestro país. ¿Tendríamos suficientes pruebas?
- Tecnologías de rastreo de contactos, ¿cómo funcionarían?
- ¿Cómo volverían a empezar las escuelas y universidades?

USA:

- La economía estadounidense parecía que podría ir a otra gran recesión. ¿Cómo van a evitar que esto sucediera?
- Estados Unidos tuvo más casos y muertes que Rusia, Alemania, Francia, Reino Unido, Italia y España juntos. ¿Cómo se podría reducir el número de casos y muertes?
- Treinta millones de estadounidenses habían solicitado el desempleo, que es casi la totalidad de la población de Canadá. ¿Cómo se podrían crear más puestos de trabajo? ¿Cómo podría la gente regresar al trabajo de manera segura?
- 2020 es un año electoral. ¿Cómo permitirían que la gente votara de forma segura?
- La atención médica y el sistema socioeconómico de EE. UU. Todavía estaban gravemente disfuncional. ¿Cómo se arreglaría lo suficiente para beneficiar a todos?
- Muchos estados estaban abriendo sin cumplir con los criterios propuestos por los expertos, arriesgando una segunda ola aún más dura. ¿Estarían listos los hospitales?
- No se estaban realizando suficientes pruebas y la economía se estaba abriendo. ¿Cambiaría esto?

- Se hizo político el uso de mascaras y distanciamiento social. ¿Como van a solucionar este hecho?
- ¿Cómo abrirían las escuelas de forma segura?
- Algunas empresas y organizaciones no proporcionaban equipo de protección personal (PPE). ¿Cambiaría esto?
- Tecnologías de rastreo de contactos, ¿cómo funcionarían?

El resto del mundo se enfrenta a cambios similares. Los negocios, los países, los estados, las ciudades, las empresas e incluso los hogares de familia necesitaban prepararse para los desafíos que venían. Aquellos cambios que conocían y los que aún no estaban completamente claros. La preparación para el cambio es clave. Tiene poco sentido sentarse y esperar, especialmente cuando se da el "lujo" de saber lo que viene. Aunque el liderazgo ayuda, esperar que nuestros líderes nos cuiden no es lo suficientemente proactivo en términos generales como para enfrentar el cambio de manera efectiva.

Es necesario que todos hagamos nuestra parte para promover un plan proactivo. Por supuesto, debemos asegurarnos de que nuestros líderes planifiquen y comuniquen como van a manejar el cambio. Pero, todos estamos juntos en esto y nuestros esfuerzos colectivos para gestionar el cambio contribuirán en gran medida a reducir las consecuencias que nos afectan a todos. ¿Entonces, qué podemos hacer? Para empezar, podemos exigir respuestas a nuestros líderes y hacerlos responsables. Con este fin, reflexionemos sobre un par de cambios que nos han sucedido y determinemos dónde dejaron caer la pelota nuestros líderes y qué podríamos haber hecho mejor.

CALIFIQUE SU LUZ DE TRÁFICO

Como consultor de gestión del cambio, rara vez me llaman a una organización para ayudar a planificar proactivamente el cambio. En cambio, es más común que el liderazgo de la organización esté reaccionando al cambio que ya ha ocurrido o que está en proceso de ocurrir. Están sintiendo las consecuencias de no usar (Stop, Prepare, Actué) y les gustaría remediarlo lo antes posible. Entonces, comienzo a hacer preguntas, a analizar qué sucedió y cómo impactó negativamente a la organización. En otras palabras, trato de identificar dónde dejaron caer la pelota y luego seguir adelante con un plan de gestión de cambios. Después del análisis de impacto, comienzo a llevar a los líderes a través del proceso. Comenzamos con la fase Roja (Stop), pasamos a Amarillo (Preparar) y terminamos en Verde (Actué).

Repasemos un par de ejemplos.

En el primer ejemplo, piense en cómo Estados Unidos manejó la pandemia en los primeros 4 meses. Comience en la fase roja (Stop). Utilice el sistema de clasificación de 8 estrellas para puntuar toda la fase. 0 estrellas es la puntuación más baja (sin gestión de cambios) y 8 estrellas es la más alta. Para cada pregunta, coloque una estrella junto a ella si ocurrió. Si no ocurrió, déjelo en blanco. Sume todas las estrellas en la parte inferior para puntuar esa fase.

EJEMPLO 1:
BROTE INICIAL DE COVID-19 EN USA

	Preguntas	Estrellas
Fase Rojo **STOP**	1. ¿Los líderes pararon todo y crearon urgencias sobre el cambio?	
	2. ¿Estaba los lideres respondiendo al cambio (la pandemia) con acciones?	
	3. ¿Se les advirtió a aquellos que tuvieron un impacto medio a alto sobre el cambio? *Por ejemplo, enfermeras, doctores, ancianos, industria de la salud, industria de transporte, etc.*	
	4. ¿Se les explicaron a los impactados como y porque fueron identificados como *medio a alto* impactados?	
	5. ¿Se les explico a <u>todos</u> afectados que era el cambio y cuando calculaban que iba pasar?	
	6. ¿Se les explicaron las consecuencias en no preparar para el cambio?	
	7. ¿Se les explicaron los beneficios de prepararse para el cambio?	
	8. ¿Los impactados expresaron que tienen confianza en sus lideres?	
	# Total de Estrellas:	**/8**

	Preguntas	Estrellas
Fase Amarillo **PREPARE**	1. ¿Tuvieron reuniones consistentes sobre la actualización de la pandemia?	
	2. ¿Se les explicó a los afectados exactamente qué iba a cambiar para ellos? *Por ejemplo, nuevas políticas, equipos, pruebas, procesos, distanciamiento social, etc.*	
	3. ¿Tenían medidas de mejora del rendimiento para apoyar el cambio? *Por ejemplo, capacidad hospitalaria, recursos y equipos suficientes.*	
	4. ¿Se les explicó qué capacitaciones serían necesarias para completar? *Por ejemplo, directrices de salud, capacitación en pruebas COVID-19, seguimiento de contactos, mejores prácticas, procesos, etc.*	
	5. ¿Había programas de incentivos identificados? *Estas son recompensas y consecuencias para ayudar con una transición fluida del cambio*	
	6. ¿Se identificaron, mitigaron y comunicaron las barreras que podrían afectar la gestión del cambio?	
	7. ¿Los impactados se sintieron que su organización estaba preparada?	
	8. ¿Los impactados expresaron que tienen confianza en sus lideres?	
	# Total de Estrellas:	**/8**

	Preguntas	Estrellas
Fase Rojo **ACTÚE**	1. ¿Los líderes continuaron con las reuniones de comunicación sobre la pandemia? *Por ejemplo, como van con las tareas.*	
	2. ¿Los líderes lanzaron/comenzaron la estrategia de gestión del cambio?	
	3. ¿Implementaron las medidas de mejora del desempeño? P.ej. Suficientes camas, equipos y recursos hospitalarios, protocolos?	
	4. ¿Los afectados realizan las habilidades necesarias para ayudar a adaptarse al cambio?	
	5. ¿Había programas de incentivos implementados y funcionando? *(Recompensas y consecuencias para ayudar con adaptación al cambio)*	
	6. ¿Se mitigaron las barreras que estában afectando la gestión del cambio?	
	7. ¿Los afectados sintieron que la organización estaba manejando el cambio de manera adecuada?	
	8. ¿Los afectados se sintieron confiados en sus líderes?	
	Total # de Estrellas	**/8**

¿Cual fase fue su primera fase que recibió una puntuación de 4 estrellas o menos? _____

Así es como califiqué cada fase.

	Preguntas	Estrellas
Fase Rojo STOP	1. ¿Los líderes pararon todo y crearon urgencias sobre el cambio?	
	2. ¿Estaba los lideres respondiendo al cambio (la pandemia) con acciones?	
	3. ¿Se les advirtió a aquellos que tuvieron un impacto medio a alto sobre el cambio? *Por ejemplo, enfermeras, doctores, ancianos, industria de la salud, industria de transporte, etc.*	
	4. ¿Se les explicaron a los impactados como y porque fueron identificados como *medio a alto* impactados?	
	5. ¿Se les explico a <u>todos</u> afectados que era el cambio y cuando calculaban que iba pasar?	
	6. ¿Se les explicaron las consecuencias en no preparar para el cambio?	
	7. ¿Se les explicaron los beneficios de prepararse para el cambio?	
	8. ¿Los impactados expresaron que tienen confianza en sus lideres?	
	# Total de Estrellas:	**0/8**

Razones por mi puntuación de **0/8**:

- El liderazgo no generó una sensación de urgencia ni comunicó el impacto potencial del brote. Tampoco advirtieron a las industrias altamente afectadas.
- No explicaron cuándo y dónde era más probable que se propagara. P.ej. transporte público, reunión masiva.
- No gestionaron el cambio a diario.
- No proporcionaron una comunicación constante sobre el cambio.

- No comunicaron los beneficios de adaptarse al cambio ni las consecuencias.

	Preguntas	Estrellas
Fase Amarillo **PREPARE**	1. ¿Tuvieron reuniones consistentes sobre la actualización de la pandemia?	
	2. ¿Se explicó a los afectados exactamente qué iba a cambiar para ellos? *P.ej., nuevas políticas, equipos, pruebas, procesos, distanciamiento social, etc.*	
	3. ¿Tenían medidas de mejora del rendimiento para apoyar el cambio? *P.ej., capacidad hospitalaria, recursos y equipos suficientes.*	
	4. ¿Se les explicó qué capacitaciones serían necesarias para completar? *P.ej., Directrices de salud, capacitación en pruebas COVID-19, seguimiento de contactos, mejores prácticas, procesos, etc.*	
	5. ¿Había programas de incentivos identificados? *Estas son recompensas y consecuencias para ayudar con una transición fluida del cambio*	
	6. ¿Se identificaron, mitigaron y comunicaron las barreras que podrían afectar la gestión del cambio?	
	7. ¿Los impactados se sintieron que su organización estaba preparada?	
	8. ¿Los impactados expresaron que tienen confianza en sus lideres?	
	# Total de Estrellas	**0/8**

Razones por mi puntuación de **0/8**:

- Hubo reuniones de actualización de la pandemia, pero estas reuniones no fueron procesables.
- Mitigaciones no fueron informados. Por ejemplo, nuevas políticas, equipos, pruebas, procesos, protocolos.
- Los líderes restaron importancia al cambio y la gente no se sintió preparada. Algunos no sintieron la necesidad de prepararse.
- No se implementaron medidas de mejora del desempeño para respaldar el cambio. Por ejemplo, capacidad del hospital, recursos y equipos suficientes
- Nunca comunicaron qué capacitaciones se necesitaban. Por ejemplo, pautas de atención médica, capacitación en prueba de Covid-19, rastreo de contactos, mejores prácticas, procesos.

		Preguntas	Estrellas
	Fase Rojo **ACTÚE**	1. ¿Los líderes continuaron con las reuniones de comunicación sobre la pandemia? *Por ejemplo, como van con las tareas. .*	
		2. ¿Los líderes lanzaron/comenzaron la estrategia de gestión del cambio?	
		3. ¿Implementaron las medidas de mejora del desempeño? P.ej. Suficientes camas, equipos y recursos hospitalarios, protocolos?	
		4. ¿Los afectados realizan las habilidades necesarias para ayudar a adaptarse al cambio?	
		5. ¿Había programas de incentivos implementados y funcionando? *Recompensas y consecuencias para ayudar con la adaptación al cambio*	
		6. ¿Se mitigaron las barreras que están afectando la gestión del cambio?	
		7. ¿Los afectados sintieron que la organización estaba manejando el cambio de manera adecuada?	
		8. ¿Los afectados se sintieron confiados en sus líderes?	
		Total # de Estrellas:	**0/8**

Razones por mi puntuación de **0/8**:

- Hubo pocas reuniones de actualización sobre la pandemia procesables.
- No se implementó ninguna estrategia de gestión de cambios. P.ej. Plan de comunicación, programa de formación

- No se pusieron en marcha los recursos necesarios.
- No se ordenaron ni recibieron los suministros necesarios de manera oportuna.
- No hubo encuestas de preparación.
- No tenían un programa de incentivos (consecuencias, recompensas).

La **fase roja (Stop)** fue la primera fase con una puntuación de 4 estrellas o menos.

En el Ejemplo 1, todas las etapas obtuvieron puntuaciones muy bajas. El cambio se gestionó mal y, como todos sabemos, muchos estadounidenses no adoptaron una postura proactiva ni se adaptaron bien al cambio. La gente fue tomada por sorpresa y, lamentablemente, las consecuencias fueron muy graves.

Para hacer frente a estos problemas, analizamos las fases que recibieron 4 estrellas o menos. Comenzamos con la primera fase que recibió 4 estrellas o menos, y luego pasamos a la siguiente fase que obtuvo 4 estrellas o menos, y así sucesivamente. En este ejemplo, la fase roja (Stop) fue la primera fase.

Entonces, ¿cómo abordamos los problemas de la fase roja para no volver a cometer los mismos errores?

Bueno, para empezar, podemos exigir que los líderes nos brinden detalles sobre cuál es su plan y cuándo se implementará. Esto significa presionar para obtener respuestas de todos los líderes, incluidos los senadores y representantes estatales, gobernadores estatales, funcionarios de la ciudad, ejecutivos, gerentes y líderes incluido el presidente. Necesitamos hacer preguntas que requieran respuestas y con respuestas viables, para estar estratégicamente preparados antes de tener que lidiar con el próximo brote. Aquí hay algunas preguntas:

- ¿Dónde es más probable que ocurra el próximo epicentro u ola y por qué?
- ¿Cuándo y cómo comunicaras urgencia para el próximo brote, ola o epicentro?
- ¿Qué personas, grupos, industrias o departamentos probablemente se verán más afectados?
- ¿Qué protocolos se comunicarán cuando esto suceda?
- ¿Cuándo se implementarán estos protocolos?
- ¿Cuáles son las posibles consecuencias para nuestros ciudadanos por no seguir los protocolos (además de contraer el virus)?
- ¿Cuáles son los beneficios de una preparación adecuada?

En el lugar de trabajo, por ejemplo, los empleados podrían considerar hacer estas preguntas urgentes a sus gerentes, supervisores y directores ejecutivos.

- ¿Qué porcentaje de empleados tendrá la capacidad de trabajar de forma remota?
- ¿Cuándo deberíamos excluir a los trabajadores o visitantes del espacio de trabajo?
- ¿Debemos revisar nuestras políticas de beneficios en los casos en que los empleados no puedan ingresar al lugar de trabajo o lo cerramos?
- ¿Disponemos de sistemas fiables para la comunicación de salud pública en tiempo real con los empleados?

- ¿Cuándo deberíamos revisar nuestras políticas sobre viajes de negocios nacionales e internacionales?
- ¿Cuándo debemos posponer o cancelar conferencias o reuniones en vivo programadas?
- ¿Cuándo se capacitará adecuadamente a los supervisores para la próxima ola o pandemia?

Tenga en cuenta que es fundamental enfocar en la primera fase que ha sido calificada por debajo de 4 estrellas antes de abordar otras fases de puntuación baja. Sería improductivo gastar recursos (tiempo, dinero, esfuerzo) para tratar de mitigar la siguiente fase, porque los fundamentos aún no se habrían abordado. Por ejemplo, si no paras todo (Stop) y abordar los problemas de la Fase Roja y pasas a la Fase de preparación amarillo cuando los problemas de la Fase roja aun no están solucionados, es probable que las personas no se preparen adecuadamente o incluso no sientan que es importante hacerlo. Cada fase se basa en la siguiente para asegurar que el cambio sea exitoso.

Veamos otro ejemplo. Nuevamente, califique cada fase a partir de la Fase Roja utilizando el sistema de calificación de 8 estrellas. Suma tus estrellas en la parte inferior de cada tabla.

EJEMPLO 2:
REAPERTURA ECONOMICA EN USA, ESCUELAS RESTAURANTES, CONCIERTOS, DEPORTES.

	Preguntas	Estrellas
Fase Rojo STOP	1. ¿Los líderes pararon todo y crearon urgencias sobre el cambio?	
	2. ¿Estaba los lideres respondiendo al cambio (la pandemia) con acciones?	
	3. ¿Se les advirtió a aquellos que tuvieron un impacto medio a alto sobre el cambio? *Por ejemplo, enfermeras, doctores, ancianos, industria de la salud, industria de transporte, etc.*	
	4. ¿Se les explicaron a los impactados como y porque fueron identificados como *medio a alto* impactados?	
	5. ¿Se les explico a <u>todos</u> afectados que era el cambio y cuando calculaban que iba pasar?	
	6. ¿Se les explicaron las consecuencias en no preparar para el cambio?	
	7. ¿Se les explicaron los beneficios de prepararse para el cambio?	
	8. ¿Los impactados expresaron que tienen confianza en sus lideres?	
	# Total de Estrellas:	**/8**

	Preguntas	Estrellas
Fase Amarillo **PREPARE**	1. ¿Tuvieron reuniones consistentes sobre la actualización de la pandemia?	
	2. ¿Se les explicó a los afectados exactamente qué iba a cambiar para ellos? *Por ejemplo, nuevas políticas, equipos, pruebas, procesos, distanciamiento social, etc.*	
	3. ¿Tenían medidas de mejora del rendimiento para apoyar el cambio? *Por ejemplo, capacidad hospitalaria, recursos y equipos suficientes.*	
	4. ¿Se les explicó qué capacitaciones serían necesarias para completar? *Por ejemplo, directrices de salud, capacitación en pruebas COVID-19, seguimiento de contactos, mejores prácticas, procesos, etc.*	
	5. ¿Había programas de incentivos identificados? *Estas son recompensas y consecuencias para ayudar con una transición fluida del cambio*	
	6. ¿Se identificaron, mitigaron y comunicaron las barreras que podrían afectar la gestión del cambio?	
	7. ¿Los impactados se sintieron que su organización estaba preparada?	
	8. ¿Los impactados expresaron que tienen confianza en sus líderes?	
	# Total de Estrellas:	**/8**

	Preguntas	Estrellas
Fase Rojo **ACTÚE**	1. ¿Los líderes continuaron con las reuniones de comunicación sobre la pandemia? *Por ejemplo, como van con las tareas.*	
	2. ¿Los líderes lanzaron/comenzaron la estrategia de gestión del cambio?	
	3. ¿Implementaron las medidas de mejora del desempeño? P.ej. Suficientes camas, equipos y recursos hospitalarios, protocolos?	
	4. ¿Los afectados realizan las habilidades necesarias para ayudar a adaptarse al cambio?	
	5. ¿Había programas de incentivos implementados y funcionando? *(Recompensas y consecuencias para ayudar con adaptación al cambio)*	
	6. ¿Se mitigaron las barreras que estaban afectando la gestión del cambio?	
	7. ¿Los afectados sintieron que la organización estaba manejando el cambio de manera adecuada?	
	8. ¿Los afectados se sintieron confiados en sus líderes?	
	Total # de Estrellas	**/8**

¿Cuál fase fue tu primera fase que califico 4 estrellas o menos? _____

Aquí está mi puntuación para el Ejemplo 2:

	Preguntas	Estrellas
Fase Rojo **STOP**	1. ¿Los líderes pararon todo y crearon urgencias sobre el cambio?	*
	2. ¿Estaba los lideres respondiendo al cambio (la pandemia) con acciones?	*
	3. ¿Se les advirtió a aquellos que tuvieron un impacto medio a alto sobre el cambio? *P.ej. enfermeras, doctores, ancianos, industria de la salud, industria de transporte, etc.*	*
	4. ¿Se les explicaron a los impactados como y porque fueron identificados como *medio a alto* impactados?	
	5. ¿Se les explico a todos los afectados que era el cambio y cuando calculaban que iba pasar?	*
	6. ¿Se les explicaron las consecuencias en no preparar para el cambio?	*
	7. ¿Se les explicaron los beneficios de prepararse para el cambio?	*
	8. ¿Los impactados expresaron que tienen confianza en sus lideres?	
	# Total de Estrellas:	**6/8**

Razones por mi puntuación de **6/8**:

- El liderazgo hizo un excelente trabajo creando un sentido de urgencia y comunicando el cambio que querían.
- El liderazgo hizo un excelente trabajo al informar a las personas sobre el cambio: cuándo, dónde y por qué ocurriría, así como a quién ocurriría.

	Preguntas	Estrellas
Fase Amarillo **PREPARE**	1. ¿Tuvieron reuniones consistentes sobre la actualización de la pandemia?	
	2. ¿Se explicó a los afectados exactamente qué iba a cambiar para ellos? *P.ej. Nuevas políticas, equipos, pruebas, procesos, distanciamiento social, etc.*	
	3. ¿Tenían medidas de mejora del rendimiento para apoyar el cambio? *P.ej. ¿capacidad hospitalaria, recursos y equipos suficientes.*	*
	4. ¿Se les explicó qué capacitaciones serían necesarias para completar? *P.ej. Directrices de salud, capacitación en pruebas COVID-19, seguimiento de contactos, mejores prácticas, procesos, etc.*	
	5. ¿Había programas de incentivos identificados? *Estas son recompensas y consecuencias para ayudar con una transición fluida del cambio*	*
	6. ¿Se identificaron, mitigaron y comunicaron las barreras que podrían afectar la gestión del cambio?	
	7. ¿Los impactados se sintieron que su organización estaba preparada?	
	8. ¿Los impactados expresaron que tienen confianza en sus lideres?	
	# Total de Estrellas	**2/8**

	Preguntas	Estrellas
Fase Rojo **ACTÚE**	1. ¿Los líderes continuaron con las reuniones de comunicación sobre la pandemia? *P.ej. como van con las tareas..*	
	2. ¿Los líderes lanzaron/comenzaron la estrategia de gestión del cambio?	
	3. ¿Implementaron las medidas de mejora del desempeño? P.ej. Suficientes camas, equipos y recursos hospitalarios, protocolos?	
	4. ¿Los afectados realizan las habilidades necesarias para ayudar a adaptarse al cambio?	
	5. ¿Había programas de incentivos implementados y funcionando? *(Recompensas y las consecuencias para ayudar con adaptación al cambio)*	
	6. ¿Se mitigaron las barreras que están afectando la gestión del cambio?	
	7. ¿Los afectados sintieron que la organización estaba manejando el cambio de manera adecuada?	
	8. ¿Los afectados se sintieron confiados en sus líderes?	
	Total # de Estrellas:	**0/8**

Razones por mis puntuaciones a las fases Prepare (Amarillo) **2/8** y Actúe (Verde) **0/8**

- No existía un plan adecuado para hacer cumplir las pautas.
- No hubo comunicación sobre qué cambiaría específicamente para las personas.

- Según las encuestas informadas por PBS.org, la mayoría de los estadounidenses no se sentían preparados o seguros al enviar a sus hijos a la escuela. La mayoría del país no habían cumplido con los criterios de los expertos para que los estados abrieran.
- No hubo medidas de mejora del desempeño implementadas o aplicadas para respaldar el cambio *(capacidad hospitalaria, recursos y equipos).*
- No hubo comunicación sobre qué capacitaciones completar. P.ej, *pautas de atención médica, capacitación en pruebas de virus, rastreo de contactos, mejores prácticas, procesos.*
- No realizaron reuniones de actualización de reapertura.
- No se implementó ninguna estrategia de gestión de cambios. P.ej. Plan de comunicación, programas de formación.
- La gente no recibió los suministros necesarios. P.ej. kits de prueba de virus.
- No se implementó un programa de incentivos. Aunque las recompensas naturalmente ya estaban en su lugar. La mayoría de la gente quería abrir la economía. Salarios, socializar, ir de compras son todas incentivos suficientes.

La fase **amarilla (prepare)** fue la primera fase que recibió 4 estrellas o menos. ¿Cómo abordamos esta etapa para que obtenga 5 estrellas o más?

Una vez más, el liderazgo debe responder a nuestras preocupaciones y sus respuestas deben ser viables. Por ejemplo, en preparación para el cambio, sería necesario implementar protocolos de seguridad sanitaria para que la puntuación aumente a 4 o más estrellas. Algunas preguntas que quizás desee considerar hacer a sus líderes, incluidos funcionarios de la ciudad, gobernadores, alcaldes, senadores y presidentes:

- ¿Cuándo veremos a los empresarios y / o empleados de la ciudad ser examinados para el covid?
- ¿Cuáles son los protocolos públicos previstos para contener este virus en la ciudad? P.ej., *desinfeccióanar los transportes públicos, centros de pruebas de covid, mandatorio uso de mascaras.*
- ¿Cuándo veremos a los maestros y estudiantes examinados por covid diariamente?
- ¿Cuándo será obligatorio que los clientes y empleados usen equipo de protección?
- ¿Cómo protegerá la ciudad a los grupos más infectados (por ejemplo, las minorías)?
- ¿Cómo reforzará la ciudad el distanciamiento social? Por ejemplo, restricciones de conducción, protocolos en restaurantes, multas, etc.

Veamos un ejemplo más, pero esta vez usando un cambio personal que está experimentando. Escriba en una hoja de papel un cambio que le esté sucediendo o que sepa que le ocurrirá en el futuro. Si usted es el líder de la organización, hágase estas preguntas (¿Hice yo ...?) Y si usted no es el líder formal, pregúntese si el liderazgo de su organización ha abordado las siguientes preguntas.

Califique cada fase, utilizando el sistema que se indicó anteriormente.

EJEMPLO 3:
SU CAMBIO PERSONAL

	Preguntas	Estrellas
Fase Rojo **STOP**	1. ¿Los líderes pararon todo y crearon urgencias sobre el cambio?	
	2. ¿Se les explico que era el cambio y cuando calculaban que iba pasar?	
	3. ¿Estaba los lideres respondiendo al cambio?	
	4. ¿Se les advirtió a aquellos que tuvieron un impacto medio a alto sobre el cambio?	
	5. ¿Se les explicaron a los impactados como y porque fueron identificados como *medio a alto* impactados?	
	6. ¿Se les explicaron las consecuencias en no preparar para el cambio?	
	7. ¿Se les explicaron los beneficios de prepararse para el cambio?	
	8. ¿Los impactados expresaron que tienen confianza en sus lideres?	
	# Total de Estrellas:	**/8**

	Preguntas	Estrellas
Fase Amarillo **PREPARE**	1. ¿Tuvieron reuniones consistentes sobre la actualización de la pandemia?	
	2. ¿Se explicó a los afectados exactamente qué iba a cambiar para ellos?	
	3. ¿Tenían medidas de mejora del rendimiento para apoyar el cambio?	
	4. ¿Se les explicó qué capacitaciones serían necesarias para completar?	
	5. ¿Había programas de incentivos identificados? *Estas son recompensas y consecuencias para ayudar con una transición fluida del cambio*	
	6. ¿Se identificaron, mitigaron y comunicaron las barreras que podrían afectar la gestión del cambio?	
	7. ¿Los impactados se sintieron que su organización estaba preparada?	
	8. ¿Los impactados expresaron que tienen confianza en sus lideres?	
	# Total de Estrellas	**/8**

	Preguntas	Estrellas
Fase Rojo **ACTÚE**	1. ¿Los líderes continuaron con las reuniones de comunicación sobre la pandemia? *Por ejemplo, como van con las tareas..*	
	2. ¿Los líderes lanzaron/comenzaron la estrategia de gestión del cambio?	
	3. ¿Implementaron las medidas de mejora del desempeño?	
	4. ¿Los afectados realizan las habilidades necesarias para ayudar a adaptarse al cambio?	
	5. ¿Había programas de incentivos implementados y funcionando?	
	6. ¿Se mitigaron las barreras que están afectando la gestión del cambio?	
	7. ¿Los afectados sintieron que la organización estaba manejando el cambio de manera adecuada?	
	8. ¿Los afectados se sintieron confiados en sus líderes?	
	Total # de Estrellas:	**/8**

¿Cual fase fue su primera puntuación obteniendo 4 estrellas o menos? _____

Existe un plan de mitigación para la fase identificado con 4 estrellas o menos. ¿Los lideres han contestado la mayoría de las preguntas con un plan de acción? Tenga en cuenta que estos ejemplos y ejercicios son solo una porción de la gestión del cambio, pero representan un paso obligatorio. Hacer responsables a los líderes en comunicar sus planes para el cambio es vital y debe suceder. Esta es la clave para un cambio fluido y exitoso en su organización. Esto es necesario para aquellos líderes que ignoran el cambio o que no lo gestionan de forma proactiva.

Expertos alrededor del mundo nos han advertido que el virus no desaparecerá pronto y que tendrá más olas en los próximos meses. Estas olas son cambios que alterarán nuestra vida cotidiana. Estos afectarán nuestras cuentas bancarias, nuestras relaciones, trabajos y, para muchos, la muerte de nuestros seres queridos. La buena noticia es que todos estos son cambios que podemos ayudar a gestionar. Todos estos son cambios que podemos planificar y defender para su preparación. Sería desgarrador si no aprendiéramos de nuestros errores pasados. Necesitamos unirnos, comportarnos estratégicamente, para asegurarnos de no volver a cometer los mismos errores.

CAPÍTULO XIV

El Lado Brillante de 2020

Los primeros cuatro meses de 2020 fueron un período de cambios únicos y dramáticos en nuestras vidas. Fue un evento global que solo habíamos visto en películas o leído en libros. Las organizaciones y los individuos tuvieron que aprender a adaptarse. Algunas organizaciones e individuos más rápido que otros, pero nos adaptamos y continuaremos adaptándonos y reajustándonos al cambio hasta que encontremos una vacuna o tratamientos eficaces.

Al igual que en cualquier organización, cuando ocurre un cambio significativo, la cultura de la empresa u organización cambia. Durante todo esto, es fácil sentir que los resultados negativos superan en número a los positivos. Pero, a pesar de las dificultades impuestas por el cambio, las variables positivas también pueden salir a la luz; de hecho, casi siempre lo hacen. En el caso de COVID-19, se han hecho evidentes varios resultados favorables, al menos a corto plazo. Todavía tenemos que ver lo que nos depara el futuro. Aquí hay algunos resultados positivos debido a la pandemia hasta ahora.

CIENTIFICOS Y TECNOLOGÍAS

La colaboración más rápida en nuestra historia entre la tecnología y los científicos está ocurriendo debido a este virus. Los científicos de todo el mundo se han unido para enfocarse en un problema: encontrar una vacuna. Estamos viendo el intercambio de información en tiempo real y el uso de tecnologías nuevas. Vemos esto con las pruebas. Tan pronto como China declaró un brote epidémico, compartieron la secuencia del genoma del virus de inmediato. Esto permitiría comenzar las pruebas globales, aunque las pruebas aún no se hayan perfeccionado, están realizando mejoras y seguimos beneficiándonos de los esfuerzos cooperativos de la comunidad científica para compartir información rápidamente y sin prejuicios.

También está la supercomputadora "Summit" de IBM, la más rápida del mundo. Presionados por la creciente pandemia, los científicos, a finales de abril, estaban ejecutando miles de simulaciones a través de esta computadora; en ese momento, había encontrado 77 compuestos farmacológicos que podrían convertirse en parte de una vacuna. Es difícil estimar cuánto tiempo habría tardado este proceso sin esta tecnología en producir la información que tenemos hasta este momento. La tecnología nos ha beneficiado tremendamente.

Los científicos también están investigando la reutilización de medicamentos que se utilizan actualmente para tratar otras enfermedades. La razón es que es probable que este proceso sea más eficiente. Encontrar nuevas aplicaciones terapéuticas para un fármaco existente es mas rápido que tener que crear uno nuevo. Un ejemplo es Remdesivir, que ya se ha mostrado prometedor en ensayos clínicos con 70 pacientes. Los resultados de un estudio mostraron que Remdesivir inhibe los efectos del virus al bloquear una enzima que utiliza el virus. Así el tiempo de recuperación de los pacientes es mucho menos. Otros productos farmacéuticos que se están probando actualmente incluyen favilavir, ivermectina y cloroquina.

Hay motivos para tener esperanza. Se descubrirán vacunas y terapias farmacéuticas eficaces para este virus. ¿Recuerda lo letal que solían ser las infecciones bacterianas, que mataban a cientos de miles de personas, antes de que la penicilina entrara en escena? Y polio; En un momento, la poliomielitis estaba muy extendida por todo el mundo, pero ahora, debido a las vacunas dirigidas contra esta enfermedad, es mucho menos común (aunque no inexistente). El VIH todavía no tiene una vacuna y las muertes anuales a esta enfermedad son asombrosamente altas en algunas partes del mundo. Pero existen tratamientos dirigidos contra el VIH, que permiten a muchas personas vivir una vida más plena de lo que hubiera sido posible de otra manera. Entonces, recordemos: los tiempos son difíciles en este momento, pero una pandemia nunca nos ha vencido en la historia de la humanidad, y esta pandemia tampoco lo hará.

EL CLIMA ESTÁ MEJORANDO

Con las necesidades de transporte reducidas, al menos temporalmente, las reducciones en el uso de vehículos que usan gasolina han resultado en los niveles más bajos de emisiones de CO_2 desde la crisis financiera hace más de una década. El 19 de marzo, la BBC informó que los niveles de contaminantes atmosféricos y gases de calentamiento en algunas ciudades y regiones ya habían mostrado descensos significativos. Además, investigadores de Nueva York dijeron a la BBC que los primeros resultados mostraron que las emisiones de monóxido de carbono, principalmente de los automóviles, se habían reducido en casi un 50% en comparación con el año anterior. La emisión de CO_2, el gas que calienta el planeta, también se redujo drásticamente.

Hypergiant, una empresa de tecnología con sede en Austin, Texas, está utilizando inteligencia artificial para mostrar el impacto de la pandemia en el cambio climático. Informan que Estados Unidos está en camino de una disminución del 7% en las emisiones anuales, la mayor reducción en la historia del país. El CEO de Hypergiant, Ben Lamm, explica su producto de inteligencia artificial: "La herramienta fue creada para poner informes de amplia circulación sobre reducciones de emisiones relacionadas con la pandemia en el contexto de la ciencia climática fundamental... No podemos ignorar la próxima crisis debido a la que estamos luchando actualmente. "

DE COCHES A BICICLETAS

Imagen 20: Carriles para bicicletas

Cada vez más ciudades por todo el mundo han convertido carriles para automóviles en carriles para bicicletas, motivados inicialmente por la preocupación de aliviar la transmisión del virus. Eliminando a un gran número de personas en espacios reducidos en autobuses, metros y autos. Pero resulta que también proporcionó el valioso beneficio de una mejor calidad de aire. París es un ejemplo, al tener la previsión de crear muchos carriles nuevos para bicicletas, alentaron a las personas a salir de sus hogares nuevamente, moverse por la ciudad, mantener hábitos saludables y ayudar a reactivar la economía. Según el Wall Street Journal, París esta convirtiendo 50 km de carriles que antes usaban los automóviles en vías exclusivas para bicicletas y otras 30 calles serán solo para peatones. La idea se ha puesto de moda, con más y más conversiones.

Esta tendencia en París también se puede ver en Estados Unidos. The Guardian informa que Filadelfia convirtió 4.7 millas de carreteras en carriles para bicicletas. Minneapolis cerró parte de su ribera para bicicletas. Oakland planea convertir 74 millas de carreteras. Muchas otras ciudades por todo el mundo están haciendo lo mismo, incluidas Vancouver, Budapest, Sydney, Calgary, Berlín, Bogotá, Ciudad de México y Londres. Es una gran tendencia que esperamos que continúe.

MENOS VIOLENCIA

Según CBS News, Miami pasó siete semanas sin un homicidio por primera vez desde 1957. El New York Times informó que, en Chicago, una de las ciudades más violentas de Estados Unidos, los arrestos por drogas se han desplomado 42% en las semanas desde el cierre de la ciudad. en comparación con el mismo período del año pasado. El New York Times también informó que, en toda América Latina, la delincuencia se ha reducido a niveles nunca antes vistos en décadas. El Salvador informó de un promedio de dos asesinatos por día en marzo, por debajo del pico de 600 por día del año pasado. Aquí en Costa Rica, La Nación (periódico) también informó una reducción en el crimen organizado y también los homicidios.

COSTA RICA ABRE TURISMO NACIONAL

Debido al buen trabajo de la gestión del cambio del brote en Costa Rica, el país estaba en una trayectoria descendente de casos. Aunque el país nunca había cerrado la economía por completo, el gobierno inicialmente había impuesto muchas restricciones. Después de semanas de apretarse el cinturón en todo el país, los funcionarios ahora sintieron que era seguro abrir playas y turismo nacional en Costa Rica. Estaban monitoreando cuidadosamente cómo se comportaba la gente. Las playas, por ejemplo, estaban abiertas solo tres horas al día y solo durante la semana laboral y no los fines de semana. Algunos otros cambios fueron: parques abiertos al 50% de su capacidad, solo se podían practicar deportes sin contacto, restaurante abierto al 50% de su capacidad, hoteles al 50% (máximo de 20 habitaciones). El ministro de Salud explicó las condiciones: si se siguiera el distanciamiento social, en junio se considerarían más libertades que ayudarían a nuestra economía. Estos incluyeron dar la bienvenida a pequeños cruceros y vuelos al país. También explicó cómo funcionarían los restaurantes para cenar, con "burbujas de grupo" (cada grupo de mesa separado por 2 metros de la mesa de al lado) ayudando a las personas a lograr un distanciamiento social adecuado.

ORGANIZACIONES ADAPTAN RÁPIDAMENTE

Comenzamos a ver muchos ejemplos proactivos de gestión del cambio en acción, en organizaciones como bancos, restaurantes, supermercados y otros; estos eran prototipos de sistemas que se preparaban para la nueva normalidad. Lo que me fascinó es la rapidez con la que estaban haciendo estas adaptaciones necesarias. Esto ilumina perfectamente que, si las recompensas o las consecuencias son lo suficientemente fuertes, el cambio puede ocurrir rápidamente. Por el contrario, si la recompensa o la consecuencia no tienen un impacto inmediato, el cambio puede ser igualmente lento.

Por ejemplo, un día, un científico comprobó que el humo del cigarrillo de segunda mano era dañino para los demás. Hasta ese entonces se permitía fumar en bares, aeropuertos, aviones, restaurantes, en todas partes. Para muchos fumar donde uno quería era una "libertad" que Dios les había dado. Pero ahora sabemos muy bien que lastima a otros. El cambio de la cultura de tabaquismo no era rápido; de hecho, se necesitaron muchos años para aprobar las leyes sobre el tabaquismo. Este cambio también fue imperfecto; fue prueba y error. Por ejemplo, se crearon zonas para "fumadores" y "no fumadores" en lugares públicos. A menudo, las zonas para fumadores estaban situadas justo al lado de la zona para no fumadores, sin nada que impidiera que el humo se desplazara al área donde estaba prohibido. No es muy útil, ¿verdad?

Se hicieron algunas mejoras, pero el cambio aún no fue perfecto. Fumar estaba restringido en la mayoría de los restaurantes, pero aún se podía fumar en bares y clubes. Unos años más tarde, se promulgaron leyes que restringieron fumar en todos los lugares públicos. Hoy en día, esto se siente normal. Pero, ¿por qué tomó tanto tiempo, con tantas iteraciones de gestión de cambios que no lograron alcanzar la marca deseada?

Creo que este cambio tardó más en ocurrir a nivel mundial porque las consecuencias no fueron lo suficientemente inmediatas como para llevar a un cambio de comportamiento y legislativo. Es decir, los problemas pulmonares relacionados con el humo de segunda mano eran un resultado demasiado distante para que la mayoría de las personas se preocuparan o lo vieran como una amenaza real. El placer a corto plazo superó los hábitos de salud a largo plazo. Sin embargo, lentamente, con las quejas de los no fumadores y los casos científicamente comprobados que subrayaron el riesgo, se aprobaron leyes y la gente comenzó a cambiar. Este virus tiene una consecuencia más inmediata, esperemos ver cambios más rápidos en respuesta a esta crisis, como por ejemplo usar mascaras.

BUENAS NOTICIAS EN EL MUNDO ANIMAL

Los animales también disfrutan de la nueva normalidad. Se publicaron varios videos asombrosos, que mostraban a la vida silvestre siendo ellos mismos en la naturaleza, libres de la interferencia de los humanos y las actividades humanas. Criaturas de todo tipo finalmente se sentían cómodas en su propia casa. Vimos cabras disfrutando de las calles en la ciudad de Gales, cerdos salvajes cruzando las calles de Israel, medusas en los canales de Venecia y, mi favorito, un puma captado por una cámara de seguridad paseando por las calles de mi ciudad natal, Heredia, Costa Rica.

Imagen 21: Puma Caminado

LÍDERES PRESIDENCIALES VENCEN AL VIRUS

Me complació que, en solo cuatro meses, muchos líderes presidenciales estuvieran venciendo al virus. Son muchos los que hicieron un excelente trabajo, algunas menciones honoríficas: Uruguay, Belice, Islandia, Tailandia e Irlanda. Pero estos no son los únicos ejemplos. También me gustaría agradecer a todos aquellos a nivel local, estatal y provincial en todo el mundo que han liderado el cambio de manera responsable, especialmente en países con liderazgo deficiente. Por suerte hemos tenido personas en posiciones de poder que se adaptaron temprano y que continuaron guiando a sus países durante el cambio hasta el punto en que las interrupciones fueron mínimas. Estas personas son líderes genuinos de los que el mundo puede aprender para salir de esta crisis y otros en el futuro. Aquí hay cuatro modelos:

El presidente de Vietnam, Nguyen Phu Trong, y sus asesores han demostrado un gran liderazgo durante la pandemia. **Para el 1 de mayo, Vietnam tenía una tasa de 0,27 casos por cada 100.000 personas y 0 fallecidos.**

Imagen 22: Presidente Nguyen Phu Trong

Según los últimos datos de las encuestas de YouGov.com, Vietnam encabeza la lista de países que más apoyan los esfuerzos gubernamentales para combatir el virus. Casi todos (95%) de los vietnamitas sienten que su gobierno está manejando la crisis "muy" o "algo bien". Según otra encuesta de la misma empresa, Vietnam también calificó muy alto en su miedo al virus, con el 89% de la población de Vietnam declarando que estaban "muy" o "algo" preocupados de contraer la enfermedad. Sin embargo, según la revista Forbes, un nuevo documento de estudio de la Universidad de Tokio en Japón, explica por qué el miedo al virus y la gestión eficaz de la crisis podrían coincidir. El estudio encuestó a 2.800 adultos japoneses, la investigación encontró que incluso los protocolos gubernamentales no obligatorios eran efectivos para aumentar la precaución. En otras palabras, en tiempos de pandemia, la capacidad de un gobierno para infundir un miedo saludable, <u>no exagerado o militante</u>, en sus ciudadanos puede ser una de las formas más efectivas de mantenerlos saludables. Este estudio no me sorprendió porque experimenté lo mismo aquí en Costa Rica. La urgencia y la cantidad apropiada de precaución de la pandemia que nos comunico los líderes y científicos me motivó a escuchar, hacer preguntas y cambiar sin estar obligado a hacerlo.

Otro líder prominente que fue uno de los primeros en adaptarse a la pandemia es el presidente de Taiwán, Tsai Ing-wen, así como sus asesores. **El 1 de mayo, Taiwán informó una tasa de 1,75 casos por cada 100.000 personas y solo 6 fallecidos.**

Imagen 23: Presidente de Taiwán, Tsai Ing-wen

El temor de estar al lado del epicentro (En ese momento China) podría ser la razón principal, al menos inicialmente, por la que el desempeño de la gestión de la pandemia en Taiwán fue tan impresionante. Sin embargo, la Revista de la Asociación Médica Estadounidense afirma que Taiwán participó en 124 intervenciones discretas para prevenir la propagación de la enfermedad, incluida un sentido de urgencia temprano y la capacitación y intervenciones, como la detección de vuelos desde China continental y el seguimiento de casos individuales. Esto es un ejemplo de Gestión del Cambio en su máxima expresión...demasiado impresionante. Taiwán recibió elogios internacionales, especialmente por la eficacia de la cuarentena con el uso de un sistema electrónica para frenar la propagación del virus. Un sistema para monitorear las señales telefónicas para alertar a la policía y a los funcionarios locales si los que debían estar en cuarentena se alejaban de sus casas. Y si estaban lejos de su casa, tenían que pagar una multa. En otras palabras, implementaron un programa de incentivos. Taiwán también comenzó las pruebas COVID-19 muy temprano; a mediados de mayo habían completado 69.000 pruebas.

En una escala de población mas pequeña, me vienen a la mente tres líderes ejemplares, uno de los cuales es la Primera Ministra de Finlandia, Sanna Mirella Marin, y sus asesores. **El 1 de mayo, Finlandia mostró una tasa de 90,9 casos por cada 100.000 personas y 218 fallecidos.**

Imagen 24: Primera Ministra Marín y
Consejo Europeo Charles Michel

Aunque estas cifras parecen altas, debemos recordar que Finlandia comparte frontera con Suecia, que nunca tuvo restricciones pandémicas en su país. Finlandia reaccionó rápidamente. El 16 de marzo implementaron la Ley de Poderes de Emergencia, que estará vigente hasta el 13 de abril (luego los pasaron hasta el 13 de mayo). Este fue un acto de cierre para el país. Aquí hay algunas restricciones de esa ley, según el Helsinki Times:

- Todas las escuelas estarán cerradas.
- Se cerrarán la mayoría de las instalaciones públicas administradas por el gobierno (teatros, bibliotecas, museos, etc.).
- Como máximo 10 personas pueden participar en una reunión pública, y las personas mayores de 70 años deben evitar el contacto humano si es posible.
- Se prohíbe la entrada a clínicas y hospitales, excluidos los familiares de personas gravemente enfermas.
- Se aumentara la capacidad de pacientes en los hospitales mientras que se reducirá la actividades de salud menos crítica.
- Se iniciarán los preparativos para el cierre de las fronteras y los ciudadanos o residentes

permanentes que regresen a Finlandia serán puestos en cuarentena de 2 semanas.

Otro de los primeros adaptadores es el presidente de Costa Rica, Carlos Alvarado Quesada, y sus asesores. **El 1 de mayo, Costa Rica tenía una tasa de 14,3 casos por 100.000 personas y 6 fallecidos.**

Imagen 25: Presidente Carlos Alvarado

Durante los inicios de la pandemia y continuando durante todo el trimestre, el presidente Alvarado ha demostrado un fuerte liderazgo. Casi de inmediato facilitó las necesidades del Ministerio de Salud (Daniel Salas). Dejo que los expertos científicos se hicieran cargo del manejo de la pandemia. Escuchó las precauciones que le aconsejaron para el país. Luego los apoyó y aceleró sus recomendaciones, de modo que las necesidades se abordaran lo más rápido posible.

La humildad es señal de un gran líder y el presidente Alvarado lo demostró. Su liderazgo competente, confiado y valiente sin duda salvó miles de vidas. Sus decisiones permitieron que Costa Rica no tuviera que cerrar por completo su economía. También nos dio tiempo para establecer una cultura de usar mascaras. Al igual nos dio tiempo para que la comunidad de científicos encontrara una vacuna sin que falleciera tantas personas.

La Primera Ministra de Nueva Zelanda, Jacinda Ardern, y sus asesores también fueron excepcionales. **El 30 de abril, Nueva Zelanda tenía una tasa de 29,5 casos por cada 100.000 personas y 6 muertes.**

Imagen 26: Presidente Ardern

Para manejar el brote, el 21 de marzo el presidente Ardern y su gobierno implementaron un sistema de cuatro niveles; Ejemplificando el tipo de liderazgo directo que se necesita para implementar una gestión de cambio temprana y efectiva. El nivel de alerta se fijó inicialmente en el nivel 2, pero el 23 de marzo se elevó al nivel 3. Para el 25 de marzo, el nivel de alerta estaba en 4, lo que puso al país en un cierre nacional. El nivel de alerta de Nueva Zelanda finalmente disminuyó de 4 a nivel 2. De hecho, algunos días no se notificaron casos. A mediados de mayo, se levantaron las restricciones y se mantuvo el distanciamiento social. A través de estos sólidos esfuerzos iniciales, la evaluación continua y la reevaluación de las condiciones, y el seguimiento, Nueva Zelanda se convirtió en una verdadera historia de éxito sobre cómo hacer frente y derrotar la pandemia.

Estos países, así como otros, deberían estudiarse desde una perspectiva de gestión del cambio. Tienen protocolos, estrategias de comunicación, capacitaciones, tecnologías y otras soluciones que pueden beneficiarnos a todos. Estas soluciones pueden ayudar al mundo a vencer este virus ahora, pero también pueden ayudarnos a lidiar con pandemias que seguramente vendrán en el futuro.

CAPÍTULO XV

¿Qué hemos aprendido hasta ahora?

Desde enero hasta abril del 2020, Costa Rica implementó 10 intervenciones de mejora del desempeño que le permitieron manejar con éxito la pandemia:

1. PROTOCOLOS DE LOS AEROPUERTOS: Pruebe los síntomas antes de permitir que los viajeros ingresen al país (antes del brote).
2. ESCUCHAR A LOS EXPERTOS: Deje que los expertos lideren la respuesta a la pandemia, con el apoyo presidencial para facilitar las recomendaciones.
3. CONTROLAR MULTITUDES: Controlar las concentraciones masivas. (cerrar eventos deportivos, conciertos etc.)
4. LIMITE LAS COMPRAS: Limite los artículos esenciales por persona en los supermercados e implemente medidas de seguridad en las tiendas.
5. ACTIVAR EL LIDERAZGO LOCAL: Incluye a los lideres locales con las comunicaciones y responsabilidades del país y haga cumplir los protocolos (uso de mascaras etc.).

6. IMPLEMENTAR RESTRICCIONES DE CONDUCIR: Restrinja las horas de conducir para reducir la movilidad del virus.
7. FRONTERAS DE CONTROL: Controle el número de personas que ingresan por todos los puntos de entrada. Los que entrenen que tenga una prueba de COVID-19 negativo en los últimos 24 -48 horas.
8. INFORMAR A LOS NIÑOS: Los niños merecen información. Necesitan saber lo que está sucediendo, con palabras que puedan entender. Son criaturas sociales que pueden propagar gérmenes fácilmente, por lo que es fundamental que comprendan y participen en las nuevas normas.
9. ABRE ECONOMIA CON PROTOCOLOS: Esto debería ocurrir lentamente y si es posible cuando haya una trayectoria descendente de nuevos casos y muertes. Protocolos son especialmente crucial al comienzo de la pandemia para establecer hábitos sociales seguros para el bien de todos como el uso de mascaras.
10. ACTIVAR PRUEBAS y RASTREO DE CONTACTO: Las pruebas y el rastreo de contactos son esenciales, pero deben ser eficientes. También las pruebas no tienen que ser solo usando pruebas de Covid 19 con personas, pero también incluir la focalización de las aguas residuales en comunidades potenciales de puntos calientes y el monitoreo de otros virus y bacterias relacionados, como la influenza y la diarrea.

Este cambio (la pandemia), nos sobrevino rápidamente. Sabemos que, incluso a medida que avanzamos, la pandemia y los desafíos que presenta pueden cambiar en un instante, para el bien o para mal. Hemos aprendido que no somos invencibles (de hecho, nunca lo somos), y nos ha quedado claro que nada permanece igual, ni siquiera nuestro estilo de vida. Pero también hemos aprendido que podemos unirnos en tiempos difíciles. Estoy agradecido de haber estado vivo para experimentar este período de la historia, porque he podido observar la fuerza y la resistencia de mis semejantes y lo aprecio más que nunca.

En todo el mundo, vemos el poder de los gérmenes, virus y bacterias y comprendemos, quizás más claramente que nunca, la amenaza real que pueden representar para la sociedad y las economías del mundo. Siento que hay un nuevo respeto por los científicos, específicamente los epidemiólogos, ya que son los nuevos líderes que nos guían durante los brotes de virus. Pero sabemos que esta historia está lejos de terminar y que debemos cambiar la forma en que vivimos para poder adaptarnos. La gente lo está llamando "la nueva normalidad". Podría ser que más países decidan adoptar un enfoque de inmunidad colectiva, posiblemente aumentando la cantidad de fallecidos. Espero que los países que tomen la decisión de inmunidad colectiva tengan un sistema de salud bien establecido para apoyar este enfoque. También podemos ver que hay muchos países que están aplanando periódicamente la curva y asumen riesgos calculados para abrir partes de sus economías.

Por último, creo que hemos aprendido que no crear urgencia y minimizar o trivializar una pandemia solo conduce a más fallecidos y inestabilidad económica. Pero también pondrá a prueba la supervivencia humana. Por tanto, el equilibrio entre economía y salud nunca debería favorecer inicialmente a la economía. Garantizar la salud de todos los ciudadanos del mundo debe considerarse una prioridad fundamental y debe permitirse que la ciencia oriente los planes para contener los brotes. Las prioridades económicas no deberían triunfar, al menos no las primeras, semanas o meses. Esto lamentablemente, nos lo han enseñado muchos países. Ahora sabemos que hay una manera de manejar una pandemia que protege tanto la vida humana como la economía, y la estrategia ganadora es poner estas prioridades en el orden correcto. A partir del 1 de mayo, estos son los 4 países principales con más casos y muertes en ese momento.

País	Tasa de casos por 100.000	Fallecidos
USA	346.1	**67.044**
Italia	343.8	**28.177**
España	513.3	**24.824**
UK	236.1	**27,510**

CAPÍTULO XVI

…Y Luego Cambiamos

Habrá innumerables cambios en el mundo debido a la pandemia. Vendrán más olas que traerán desempleo, protestas, teorías de conspiración, noticias falsas y mucho más. Estos cambios pueden o no ser lógicos, científicos, seguros o necesarios. Independientemente, debemos enfrentarnos a estos desafíos, averiguando todo lo que podamos, para responder de manera efectiva. Este libro ha presentado una técnica de Gestión del Cambio, Stop, Prepare, Actúe, mostrándonos cómo mitigar los cambios a los que nos enfrentamos. El uso de Stop, Prepare, Actúe para reducir los impactos negativos puede hacer que la adaptación a estos cambios sea mas fácil.

Como líder, crear urgencia es imperativo. Esto significa comunicar el cambio que se avecina a su organización lo antes posible, independientemente si está de acuerdo con él o no. Entonces, ¿cómo puedes hacer eso? Comuníquese con su familia, trabajo, escuela, ciudad, estado, país, donde sea que tenga influencia. Identifique los pros y los contras para usted o su organización. ¿Qué pasará si no cambia? ¿Qué pasará si cambias? ¿Cuáles son las consecuencias o recompensas? Tal vez no estas de acuerdo con el cambio; aun así, tendrá que prepararse y adaptarse para que haya un impacto mínimo en su organización. Esto significa averiguar exactamente los detalles del cambio. Esto requiera más comunicación, decisiones, herramientas, habilidades o recursos. ¿Necesitarán usted o su organización capacitación o ya saben cómo adaptarse al cambio? ¿Cómo se puede reforzar el cambio para que se convierta en norma? Encontrar estas respuestas los colocará a usted y a su organización en una posición de poder para mitigar el cambio.

Sin duda, habrá organizaciones como estados, ciudades, escuelas, gimnasios, bares y restaurantes que tengan muy pocos o ningunos protocolos. Pero habrá otras, organizaciones con protocolos firmemente establecidos, preparadas para el cambio y preparadas para los desafíos. Ya puedo imaginar estas organizaciones *inteligentes* aplicando sus protocolos, practicando Stop, Prepare, Actúe. Imagine un restaurante que comunica las reglas de su establecimiento en un tablero enorme:

1. *Seguimos los protocolos de salud para mantener abiertos nuestro restaurante y nuestra economía.* (Stop) Están creando urgencia.
2. *Distancia obligatoria de dos metros entre burbujas sociales. Las máscaras DEBEN usarse en todo momento cuando no esté en su mesa.* (Stop) Están comunicando el "Cambio" para el cliente.
3. *Una jarra de cerveza o postre gratis para las burbujas sociales que siguen las reglas del bar sin requerir advertencias.* (Prepare) Están comunicando los beneficios para que usted cambie.
4. *Las jarras son solo de cervezas nacionales o 1 postre por burbuja social.* (Prepare) Están comunicando detalles más específicos sobre el cambio.
5. *Si no sabes cómo usar una máscara, no te preocupes, nuestros camareros están capacitados*

para mostrarte cómo usar una correctamente. (Prepare) Se comunican y brindan capacitación para la acción / cambio que se requiere.
6. *¡Advertencia! Tenemos una política de "3 avisos, estás fuera". Si le advertimos 3 veces que se ponga la mascarilla, le pediremos que pague su cuenta y se vaya.* (Actúe) Tienen una política de incentivos en este caso es una consecuencia para asegurar que el cambio sea consistente una vez que se esté realizando.

Te aseguro que no van clausurar este restaurante y el dueño manejo el cambio (la pandemia con respecto a su negocio) en una manera proactiva. La técnica de Gestión del Cambio de Stop, Preparar, Actúe es poderosa. Se puede utilizar para cualquier cambio que esté experimentando o vas a experimentar en el futuro. Es igualmente aplicable en su vida personal y en su mundo laboral. Depende de ti cómo quieres responder y manejar al cambio. El liderazgo inteligente es primordial y ser victima de cambios en tu vida ya no es necesario. Recuerde, todos estamos juntos en este mundo, así que seamos amables y inteligentes mientras cambiamos nuestro mundo para el bien.

Si está interesado en obtener más información sobre la gestión del cambio, la mejora del rendimiento o si desea recibir coaching o consulta individualizada, comuníquese conmigo al:

ppc.esch@gmail.com o visite nuestro sitio web www.proactiveperformanceconsulting.com y reciba un 50% de descuento en uno de nuestros talleres.

¡GRACIAS!

Me gustaría agradecerles por tomarse el tiempo para leer mi libro. Su evaluación sobre el libro es extremadamente importante. Deje una reseña aquí en [Amazon](#) o aquí en [Goodreads](#) para que otros puedan conocer el libro.

Expresiones de gratitud

Escribir este libro sobre la pandemia y durante la pandemia ha sido un regalo inesperado para mí. Resultó ser terapéutico para mí en esos tiempos difíciles. Pero reconozco que no podría haber hecho esto solo. Me gustaría agradecer a mis increíbles lectores y editores. Primero, Marilyn Alan, quien fue espectacular y cumplió más allá de lo que esperaba. Realmente hiciste una gran diferencia en la mejora del libro. También quiero agradecer a mi querida madrastra, también editora que me apoyó desde el principio, y no solo hablo desde el principio de este libro, sino también de mi vida. Tus consejos siempre son valiosos y tus habilidades de edición son increíbles. A mi adorable madre por tu amor incondicional y por traerme a este mundo e inspirarme a escribir y expresarme. A mi papá, por enseñarme a terminar lo que comienzo y por asegurarme de no descuidar de mi salud. A mi hermana, por ayudarme a sobrepasar un bloqueo que tuve escribiendo y por su apoyo. Gracias a mi maravillosa novia, que ha experimentado mis dificultades al escribir este libro y me ha aguantado durante todo el proceso. A mi sobrina y sobrino y al resto de mi familia por ser tan dulces y solidarios. A mi mejor amigo, Rafie, por su amor canino incondicional y obligándome a dejar mi computadora y tomar un poco de aire fresco. Finalmente, a ustedes, mis lectores, los aprecio más de lo que saben y espero seguir publicando libros interesantes y útiles para ustedes. ¡Hasta la próxima!

Sobre el Autor

Durante los últimos 20 años, Alejandro se ha concentrado en áreas como Mejora del Desempeño, Coaching, Team Building, Diseño de Sistemas de Instrucción y Gestión del Cambio. Ha trabajado en varias industrias y organizaciones en todo el mundo.

En los Estados Unidos ha trabajado y vivido en California, Michigan, Florida, Illinois, Indiana y Texas. También vivió y trabajó en Argentina, Costa Rica, Venezuela, Holanda, India e Inglaterra. Tiene pasión por las personas y las culturas de todo el mundo. Es por ello que Alejandro ha dedicado su vida profesional a la Gestión del Cambio y la Mejora del Desempeño en las organizaciones. Su negocio de consultoría, Proactive Performance Consulting, trabaja con enfoques sistemáticos que son divertidos, interactivos y efectivos para mejorar el desempeño humano y organizacional. Está dedicado a compartir e intercambiar experiencias, conocimientos y herramientas con personas y organizaciones en cualquier lado del mundo.

CONECTA CON ALEJANDRO POR:
Email: ppc.esch@gmail.com
Website: www.Proactiveperformanceconsulting.com
Linkedin: www.linkedin.com/in/proactiveperformanceconsulting/
Twiter: @ProactivePerfo1

Índice

¿

¿Qué hemos aprendido hasta ahora? · 136

...

...Y Luego Cambiamos · 140

#

#LIBERA MICHIGAN · 77

1

10mo INTERVENCIÓN EN C.R. · 59
15.04.2020 · 62
19.01.2020 · 14
1er INTERVENCIÓN EN CR: · 23

2

26.03.2020 EE. UU. SE CONVIERTE EN EL · 39
2do INTERVENCIÓN EN C.R: · 30

3

3.a INTERVENCIÓN EN C.R. · 32

4

4ta INTERVENCIÓN EN C.R: · 34

5

5to INTERVENCIÓN EN C.R. · 50

6

6to INTERVENCIÓN EN C.R. · 52

7

7mo INTERVENCIÓN EN C.R. · 54

8

8vo INTERVENCIÓN EN C.R. · 56

9

9vo INTERVENCIÓN EN C.R. · 57

A

Abril - #Libera · 73
Abril – Dr. Anthony Fauci · 82
Abril – Economía, Ciencia y Fallecidos · 90
Abril – Protocolos Aplicados · 50

C

Califique Su Luz De Tráfico · 95
CIENTIFICOS Y TECNOLOGÍAS · 122
considere la analogía de un semáforo · 17

E

EL CLIMA ESTÁ
   MEJORANDO · 123
El DESGLOSE RACIAL DE
   COVID-19 · 76
El Lado Brillante de 2020 · 121
EL MES PERDIDO · 25

F

Febrero – La Adaptación
   Temprana · 23
Febrero – Mi Registro Personal ·
   27

G

Gestión del Cambio · 16

L

LA CARRERA DE LA
   VACUNA EXPLICADA · 66
La Reacción de Nueva · 69
LÍDERES PRESIDENCIALES
   VENCEN AL VIRUS · 128
LOS ANCIANOS · 93
LOS SOCIALMENTE
   IRRESPONSIBLES · 44
LOS SOCIALMENTE
   IRRESPONSIBLES
   REGRESAN · 79

M

Marzo - Un Sentido de Urgencia
   · 29
MENTIRAS SOBRE LYSOL ·
   87
MI PRIMER ATAQUE DE
   ANSIEDAD · 45

N

NO HAY TRANSMISIÓN
   HUMANO-A-HUMANO · 13

O

ORGANIZACIONES
   ADAPTAN
   RÁPIDAMENTE · 126

S

SI HAY TRANSMISIÓN
   HUMANO-A- HUMANO · 14

Referencias

Imagen 1. Primera Ministra de Nueva Zelanda
Consultado el 20/4/2020
Wikimedia Commons
https://commons.wikimedia.org/wiki/Main_Page
By Governor-General of New Zealand - Appointment of the new Ministry, CC BY 4.0,
https://commons.wikimedia.org/w/index.php?curid=63669064

Imagen 2. Canciller de Alemania y Primera Ministra de Noruega
Consultado el 20/4/2020
Wikimedia Commons
https://commons.wikimedia.org/wiki/Main_Page
By FinnishGovernment - Pääministeri Marin Berliinissä 19.2.2020, CC BY 2.0,
https://commons.wikimedia.org/w/index.php?curid=89376386

Imagen 3. Dr. Li Wenliang
Consultado el 20/4/2020
Wikimedia Commons
https://commons.wikimedia.org/wiki/Main_Page
By Par PetrVod — Travail personnel, CC BY-SA 4.0,
https://commons.wikimedia.org/w/index.php?curid=89424178

Imagen 4. Dr. Daniel Salas
Consultado el 20/4/2020
Wikimedia Commons
https://commons.wikimedia.org/wiki/Main_Page
Csavil / CC BY-SA
(https://creativecommons.org/licenses/by-sa/4.0)

Imagen 5. Bandera de Italia
Consultado el 20/4/2020
Wikimedia Commons
https://commons.wikimedia.org/wiki/Main_Page
De Pietro Luca Cassarino - https://www.flickr.com/photos/184568471@N07/49689932383/, CC BY-SA 4.0,
https://commons.wikimedia.org/w/index.php?curid=88461537

Imagen 6. Médicos Albaneses
Consultado el 20/4/2020
Wikimedia Commons
https://commons.wikimedia.org/wiki/Main_Page
By Dipartimento Protezione Civile - Dipartimento Protezione Civile,

CC BY 2.0,
https://commons.wikimedia.org/w/index.php?curid=89384780

Imagen 7. Buque médico de rescate en la bahía de Nueva York.
Consultado el 20/4/2020
Wikimedia Commons
https://commons.wikimedia.org/wiki/Main_Page
By MusikAnimal - Own work, CC BY-SA 4.0,
https://commons.wikimedia.org/w/index.php?curid=88769235

Imagen 8. Surfista huyendo de la policía
Consultado el 20/4/2020
Instagram https://www.instagram.com/
By Surfline
https://www.instagram.com/p/BTHoy1Hwd_/?utm_source=ig_embed

Imagen 9. Daniel Ortega
Consultado el 20/4/2020
Wikipedia https://en.wikipedia.org/wiki/Main_Page
By Fundación Ong DE Nicaragua - Own work, CC BY-SA 3.0,
https://commons.wikimedia.org/w/index.php?curid=20349494

Imagen 10. Aeropuerto improvisado en la frontera
Consultado el 20/4/2020
CrHoy www.crhoy.com
By CrHoy
https://www.crhoy.com/mundo/video-asi-castigan-en-panama-a-quienes-violan-la-cuarentena-por-covid-19/

Imagen 11. Centro Nacional de Salud Gratuito
Consultado el 20/4/2020
El Observador, www.observador.cr
By El Observador
https://observador.cr/noticia/temor-ansiedad-y-atencion-adaptada-la-vida-en-la-primera-linea-de-combate-del-coronavirus/

Imagen 12. Proceso de suero de plasma
Consultado el 20/4/2020
UCR www.ucr.com
By UCR and Instituto Clodomiro Picado
https://www.ucr.ac.cr/noticias/2020/04/27/asi-avanza-el-instituto-clodomiro-picado-de-la-ucr-para-elaborar-el-suero-contra-el-covid-19.html

Imagen 13. Papa Francisco
Consultado el 20/4/2020
By La Cancellara de Ecuador
https://www.flickr.com/people/10021639@N05 - This file has been

extracted from another file: FRANCISCOECUADOR.png, CC BY-SA 2.0, https://commons.wikimedia.org/w/index.php?curid=59877855

Imagen 14. Andrew Cuomo
Consultado el 20/4/2020
Wikipedia https://en.wikipedia.org/wiki/Main_Page
By Metropolitan Transportation Authority / Patrick Cashin - https://www.flickr.com/photos/mtaphotos/31192356394/, CC BY 2.0,
https://commons.wikimedia.org/w/index.php?curid=59179257

Imagen 15. Contenedores refrigerados para muertos en Nueva York
Consultado el 20/4/2020
By Archer West - The uploader on Wikimedia Commons received this from the author/copyright holder., CC BY 4.0,
https://commons.wikimedia.org/w/index.php?curid=89477234

Imagen 16. Dr. Pidiendo a los manifestantes que dejen pasar la ambulancia
Consultado el 20/4/2020
Detroit News, www.detroitnews.com
By Detroit News
https://www.detroitnews.com/story/news/local/michigan/2020/04/16/lansing-hospital-protest-caused-delays-shift-change/5144812002/

Imagen 17. Dr. Fauci
Consultado el 20/4/2020
By NIAID - Anthony S. Fauci, M.D., NIAID Director, CC BY 2.0,
https://commons.wikimedia.org/w/index.php?curid=82983928

Imagen 18. Persona muerta dejada en la calle en Ecuador
Consultado el 20/4/2020
Punto de Corte, www.putodecorte.com
By Punto de corte-
https://puntodecorte.com/guayas-es-la-region-mas-afectada-por-covid-19-en-ecuador/

Imagen 19. Campaña para mantener seguros a los adultos mayores
Consultado el 20/4/2020
El Observador, www.elobservador.com
By El Observador
https://observador.cr/noticia/mas-de-la-mitad-de-adultos-mayores-que-contrajeron-covid-19-en-el-pais-lo-vencieron-y-ya-estan-recuperados/

Imagen 20. Carriles de bicicleta
Consultado el 20/4/2020
Good News Network, www.goodnewsnetwork.org
By Good News Network
https://www.goodnewsnetwork.org/page/47/?option=com_content&task=view&id=736&Itemid=0

Imagen 21. Puma caminando en Heredia, Costa Rica
Consultado el 20/4/2020
www.semanariouniversidad.com/
Semanario Universidad
https://semanariouniversidad.com/pais/camara-de-seguridad-capta-a-un-puma-caminando-por-calle-herediana/

Imagen 22. Presidente Nguyen Phu Trong
Consultado el 20/4/2020
By Presidential Communications Operations Office - Presidential Communications Operations Office (Immediate: [1]), Public Domain,
https://commons.wikimedia.org/w/index.php?curid=73445913

Imagen 23. Presidente Tsai Ing-wen
Consultado el 20/4/2020
By Wang Yu Ching / Office of the President - https://www.flickr.com/photos/presidentialoffice/48131438417/, CC BY 2.0,
https://commons.wikimedia.org/w/index.php?curid=80020614

Image 24. Primera Ministra Marín y consejo europeo Charles Michel
Consultado el 20/4/2020
By FinnishGovernment - Prime Minister Marin in Brussels 6 February 2020, CC BY 2.0,
https://commons.wikimedia.org/w/index.php?curid=89102411

Imagen 25. Presidente de Costa Rica Carlos Alvarado
Consultado el 20/4/2020
By MadriCR - Own work, CC BY-SA 4.0,
https://commons.wikimedia.org/w/index.php?curid=68101027

Imagen 26. Presidente Jacinda Ardern
Consultado el 20/4/2020
Flickr, www.flickr.com
By Ulysse Bellier -
https://www.flickr.com/photos/ulyssebellier/36148498753/in/photost

ream/, CC BY 2.0, https://commons.wikimedia.org/w/index.php?curid=65640883

"La gestión del cambio ha sido una práctica en los negocios durante décadas. Y, sin embargo, con demasiada frecuencia, los grandes proyectos de transformación siguen sin gestionar el cambio de forma eficaz. El autor presenta un marco de gestión de cambios simple pero eficaz, como se demuestra mediante el uso del semáforo: rojo, amarillo y verde. En cada paso, se deben responder preguntas críticas para poder pasar al siguiente paso. Saltarse pasos no funciona. Esch pone a prueba este modelo con la mayor transformación que enfrenta el mundo en el siglo XXI, la pandemia de Covid-19. Cualquiera que esté activo en su sociedad local probablemente tenga una opinión sobre cómo su gobierno local ha manejado la pandemia. Esch describe los puntos de datos clave en la línea de tiempo de la pandemia y aplica el modelo de cambio en **Luz Brillante Pandemia Oscura.** Unir los datos con el modelo revela dolorosamente cuán mal y cuán bien algunos líderes manejaron la crisis, lo que finalmente tuvo un impacto en la propagación del virus y las muertes humanas. Apreciarás la narración personal de Esch sobre su experiencia pandémica en su actual país de origen, Costa Rica, y su aplicación práctica a un poderoso modelo de gestión del cambio ".

--- Jocelyn Chan, directora de aprendizaje empresarial, AECOM

"En los primeros meses de 2020, el mundo se detuvo en seco. Un virus pequeño pero poderoso se apoderó del mundo y obligó a todos a reaccionar ante la pandemia. Utilizando una crisis de la vida real, el autor entrelaza hábilmente los principios de la gestión del cambio y examina las reacciones, tan diferentes, de varios gobiernos, incluida su Costa Rica natal y su segundo país de origen, Estados Unidos. El libro ofrece una gran yuxtaposición de cómo Costa Rica y Estados Unidos han manejado la pandemia. Mientras los líderes costarricenses, con el Dr. Salas a la vanguardia, le decían a la gente que se quedara en casa, en los EE. UU., La administración Trump seguía llamando al virus "un engaño" y afirmando tener todo bajo control.

El autor, con precisión periodística, documenta los hechos que rodearon el brote de COVID-19 en todo el mundo. Sin embargo, son las notas muy personales esparcidas por todo el libro las que hacen que la historia sea tan identificable y relevante. Todos sentimos lo que sintió el autor: miedo a lo desconocido, miedo a nuestros seres queridos, incertidumbre y angustia.

En su libro, Esch, un campeón experimentado en la gestión del cambio, ofrece herramientas para gestionar una crisis. Ofrece una solución para gestionar un cambio de cualquier magnitud. Es tan simple como Stop. Prepare. Actúe.

La historia va de oscura a brillante y deja al lector con un mensaje optimista: la capacidad de las organizaciones y los individuos adaptarse a una "nueva normalidad" es poderosa y solo podemos salir más fuertes de esta crisis.

--- Edyta Zydorek, International Counsel at NCH

www.ingramcontent.com/pod-product-compliance
Lightning Source LLC
Chambersburg PA
CBHW070643220526
45466CB00001B/279